Harri Steinhöfel

Am Wendepunkt

Eine letzte Chance für unsere Art ?

Steinhöfel, Harri

Am Wendepunkt
Eine letzte Chance für unsere Art ?
Berlin 2009

Herstellung und Verlag:
Books on Demand GmbH, Norderstedt
ISBN 978-3-8391-2124-5

I.   Prolog

Das Leben gleicht einer Sanduhr. In dieser verrinnt stetig und gleichmäßig der Sandvorrat bis er erschöpft ist. Auch das individuelle Leben verrinnt stetig - man nimmt das zunächst kaum wahr; das Jetzt und das Heute ist das Wichtige. Doch eine Sanduhr kann man umdrehen und der Zyklus beginnt aufs Neue. Unser individuelles Leben ist dagegen einmalig – ein Grund, es zu schätzen und das Beste daraus zu machen.

Wie aber gehen wir damit um? Was bedeutet uns schon Vergangenheit? Das ist für uns zumeist geschmolzener Schnee von gestern.
Und was bedeutet Zukunft? Darüber sind angesichts der großen Zahl der künftig möglichen Ereignisse nur Vermutungen anzustellen. "Es kommt erstens immer anders und zweitens als man denkt". Damit wird gern die Unsicherheit der Prognosen umschrieben.
Das deckt sich mit meinen eigenen Lebenserfahrungen. Wichtige – insbesondere historische - Ereignisse traten sehr häufig plötzlich und unerwartet ein und ließen sich erst im Rückblick als logische Folge einer Handlungs- und Ereigniskette deuten. Mit Sicherheit vorhersagbar waren sie nicht. Im Hinblick auf die Zukunft besteht für uns das Problem der Meteorologen: Angesichts eines chaotischen Geschehens können diese das Wetter allenfalls für wenige Tage einigermaßen sicher voraussagen und werden dennoch immer wieder von abweichenden Entwicklungen überrascht. Trotzdem setzen sie ihre Bemühungen unverdrossen fort; und das ist gut so, weil doch der einigermaßen sichere Ausblick auf die nahe Zukunft absolut wichtig ist, um die nächsten Schritte zu wagen; sei es um den näch-

sten Ausflug zu planen oder sei es im Großen, um den Verkehr in der Luft oder auf den Meeren zu lenken und damit sicherer zu machen und vieles andere mehr.

So halten auch wir es. Wir müssen auf dem Status unserer heutigen Erkenntnisse den unmittelbar vor uns liegenden Weg einschätzen und danach unser Handeln ausrichten. Das geschieht stetig und unter Anpassung an die jeweilig neuen Gegebenheiten und ist uns als Prozess zumeist gar nicht so recht bewusst.
Wir machen das Jetzt und das Heute zum Messpunkt. Dabei fließen aber unsere Erkenntnisse und Erfahrungen aus der Vergangenheit zwangsläufig mit ein.

Bei diesem stetigen Prozess verrinnt die uns gegebenen Lebenszeit, ohne dass wir das allzu sehr beachten. Aber es gibt Anlässe, die den Blick auf die Sanduhr des Lebens lenken. Für mich war das die Vollendung des 70. Lebensjahres.

Eigentlich ist dieser Tag wie jeder andere - gleich einer der Wellen im Meer. Dennoch empfand ich ihn als einen Meilenstein, der nach einer gedanklichen Orientierung verlangte. Ich fand, dass dieses Alter ein guter Zeitpunkt ist, um die Ereignisse in der eigenen Lebenszeit zu reflektieren.

Doch was ist Lebenszeit?

Ein Bestandteil des Wortes ist Leben - und gemeint ist hier das Leben eines speziellen Individuums.

Der andere Bestandteil ist der Begriff Zeit. Wir wissen, dass Zeit vergeht, weil wir Veränderungen wahrnehmen. Nur daran können wir uns orientieren; denn nur daran erkennen wir, dass es ein vorher und ein danach gibt – dennoch bleibt der Begriff vage.

Um den unbestimmten Begriff Zeit fassbar zu machen, haben die Menschen die Dauer des Umlaufs der Erde um die Sonne (ein Jahr) und der vollständigen Drehung der Erde um ihre eigne Achse (ein Tag) zum Maßstab gemacht. Während einer Zeitdauer von 70 Jahren ist somit die Erde 70-mal um die Sonne gewandert. Sie tut das aber schon seit über 4 Milliarden Jahren und wird dies nach den Berechnungen der Astrophysiker noch für weitere Milliarden Jahre tun. Nach kosmischen Maßstäben ist also menschliche Lebenszeit nahezu ein Nichts.

Um die viereinhalb Milliarden Jahre der Existenz der Erde für uns fassbar zu machen, hat man Erdzeitalter und die Existenz von Leben in diesen Erdzeitaltern auf einen Tag von 24 Stunden projiziert. Danach beginnt ab etwa 21:00 Uhr sich das Leben auf der Erde zu entwickeln. Ab etwa eine halbe Stunde vor Mitternacht beginnen sich die Säugetiere zu entfalten und erst seit wenigen Minuten vor dem Tagesende gibt es den Homo sapiens. Und selbst darüber wissen wir mehr vielleicht nur über die letzte Minute - also vielleicht 10 bis 12.000 Erdjahre. Davon die letzten 70 Jahre zu betrachten, scheint ein verschwindend kleiner Zeitraum zu sein. Dennoch ist gerade in diesem Zeitraum entscheidend viel geschehen.

Zwei Aspekte scheinen mir besonders bemerkenswert. Der eine ist das unglaubliche Bevölkerungswachstum. Lebten in meinen Kinderjahren etwa 2 Milliarden Menschen auf dieser Erde, so sind es heute etwa 6,5 bis 7 Milliarden - also etwa das 3 1/2 fache.

Der andere Aspekt ist die rasante, sich offenbar ständig beschleunigende technische Entwicklung. Wurden wir in den Kriegsjahren von 1939 bis 1945 noch von Motorflugzeugen bombardiert, so fliegen heute Raumsonden zu anderen Planeten unseres Sonnensystems, um diese zu erforschen. Und zu unserer Vernichtung würden im Kriegsfall Raketen eingesetzt werden, die von anderen Erdteilen aus, von U-Booten aus den Weltmeeren oder - so die letzten abstrusen Planungen der Strategen - aus dem Orbit gestartet werden würden.

Doch eines ist geblieben wie eh und je: die Menschen führen Kriege und bringen andere Menschen um! Des eigenen Vorteils wegen scheint jedes Mittel gerechtfertigt zu sein. Eine Solidarität der Spezies Mensch gegenüber seinen Mitmenschen gibt es nicht - sie ist bisher nur ansatzweise entwickelt worden, und drückt sich im Allgemeinen nur dadurch aus, dass bei Naturkatastrophen die Spendenbereitschaft steigt. Die täglichen Katastrophen der Armut, des Hungers, der Kriege in dieser Welt scheinen dagegen kaum jemand aufzuregen.

Die Erfahrungen eines siebzigjährigen Lebens bringen einem zwangsläufig Einsichten und Erkenntnisse. Meine zu beschreiben, will ich nachstehend versuchen.

II.　Bewertungsmaßstäbe und ihre Anwendung

1. Standortbestimmung

Was ist geschehen in den letzten 70 Jahren? War es im Ergebnis gut, war es schlecht oder am Ende sogar sinnlos?

Das wirft die berühmte Sinnfrage auf, auf die es keine allgemein gültige Antwort gibt, weil sie zur Frage nach den Maßstäben führt.

Denn was sind die Maßstäbe, wer hat sie gesetzt und mit welchem Ziel? Das wiederum leitet letztendlich ins Transzendentale also über die Grenzen möglicher Erkenntnis und Erfahrung hinaus.

Damit ist diese Frage bei dem derzeitigen menschlichen Erkenntnisstand eigentlich nicht beantwortbar.
Weil die Menschen dennoch nach Antworten suchen, erfanden und erfinden Sie Mythen und Religionen sowie Weltanschauungen etc. Diese beschreiben das Unerklärbare, setzen Verhaltensnormen, deren Einhaltung angeblich zum Lebensziel führt, zum Beispiel dem Eingehen in ein Paradies. Wobei die Paradiese meist nicht anders aussehen als die Utopie eines gewünschten Daseins auf der Erde.

Über alldem steht Allmächtiges, ein Gott oder Götter, die belohnen oder bestrafen. Das alles wird überwacht von " Gottes Bodenpersonal " - wie es der Kabarettist Dieter Nuhr bezeichnet hat -, den Pfarrern, Priestern, Imamen, Sektenführern usw., das die Interpretationshoheit beansprucht und den Gläubigen das Denken abnimmt. Das eigene Denken der Gläubigen ist unerwünscht, es würde die Interpretationshoheit des " Bodenpersonals" gefährden. Interpretationshoheit verschafft schließlich Einfluss und Macht und die will man sich ja nicht nehmen lassen.

Ich kann dennoch die Gläubigen verstehen, die sich in einer derartigen Ordnung geborgen fühlen, weil für sie Fragen nach Sinn und Maßstäben beantwortet sind. Auch wenn sie damit auf die Freiheit eigenen Denkens verzichten, ist dieses viel bequemer als sich gedanklich in den unendlichen Räumen des Unerforschten - vielleicht sogar Unerforschbaren - zu bewegen. Es ist offenbar verlockend, sich unter die Fittiche eines gütigen, das Leben lenkenden allmächtigen Vaters zu begeben - wenn man den eigenen Kopf nicht bemühen will und man das anmaßende „ Bodenpersonal„ akzeptiert oder zumindest übersieht.

Auch will ich die Kultur stützende Kraft der Religionen nicht unterschätzen. Mit dem Setzen sittlicher Normen versuchen diese, den zerstörerischen Teil des menschlichen Wesens zu bändigen. Wie wir täglich verfolgen können, allerdings nur mit begrenztem Erfolg, sonst würde es nicht so viel Streit, Krieg und Mord geben und auch nicht Hunger, Durst und Krankheit.

Von Menschen formulierte sittliche Normen besitzen wenig Überzeugungskraft, wenn sie nicht von einem übergeordneten Allmächtigen abgeleitet werden; zumindest seitdem den Menschen der Glaube, dass auch Herrscher göttlich sein könnten, abhanden gekommen ist. Propheten wie Moses, Christus, Mohamed, Buddha bis zu den heutigen Sektenbegründern gaben und geben sich deshalb auch "nur" als begnadete Vermittler und Interpreten eines Allmächtigen aus.

Deshalb kann ich Religionen und Weltanschauungen nur danach bewerten, inwieweit sie dazu beitragen, die Erde und damit unseren Lebensraum vor dem Chaos zu bewahren. Einen Gott finde ich dabei allerdings nicht. Ich sehe nur die häufig aber nicht immer gut gemeinten Absichten von durchaus einzigartigen Menschen, die unter Nutzung der Sehnsüchtige nach göttlicher Führung und göttlichem Schutz ihren Mitmenschen einen sittlichen Verhaltenskodex entwarfen.

Wenn man aber diese Kodizes nicht als göttlich anerkennen kann, dann bleibt kein anderer Weg, als nach eigenen Antworten zu suchen, wenn man nicht die Suche nach Sinn und Ziel völlig aufgeben will. Ein Dasein ohne Sinn ist im wahrsten Sinne des Wortes sinnlos. Ein nahe liegender Schluss, der sich im täglichen Leben bei Vielen zu bestätigen scheint.

1.1 Wege des Suchens

Wie alles Leben auf dieser Erde, bin auch ich ein Produkt der bisherigen Evolution. Das bedeutet, dass ich mit Körper und Geist nur für einen begrenzten Zeitraum auf dieser Welt als Lebewesen existieren kann. Geburt und Tod sind elementare Bestandteile des durch die Evolution gestalteten Lebens auf dieser Erde.

Mensch sein bedeutet, über die unmittelbare Existenzsicherung hinaus befähigt zu sein, Wirkzusammenhänge zu erkennen und in ein Ordnungsschema zu fügen. Das besagt für mich, dass dort, wo eine Wirkung besteht, es auch eine Ursache geben muss. Eine andere Art des Denkens ist mir nicht gegeben.

Für mich besteht alles und damit meine ich das gesamte All - vom Makrokosmos bis zum Mikrokosmos - aus Ordnungen und Gesetzmäßigkeiten.

Diese sind zumindest seit dem Entstehen des Kosmos vor 14 Milliarden Jahren, dem als Urknall bezeichneten Anfang, wirksam. Sie führten zu den Elementen als Bausteinen jeglicher Materie, aber auch zu den Genomen als Bausteinen des Lebens. Sie fügen sich zusammen oder aber zerfallen auch nach vorhandenen Gesetzmäßigkeiten.

Ordnungen und Gesetzmäßigkeiten sind aber für mich die Wirkungen einer Kraft, Energie oder wie sonst man es nennen will, zum Beispiel auch Gott. Kurz gesagt: von nichts kommt nichts! Und zu sagen, alles ist das Ergebnis von Zufällen, erscheint mir eher als nihilistische Ausflucht denn als Erklärung. Auch der Zufall - systematisch eingesetzt, wie im Ablauf der Evolution - ist eine Gesetzmäßigkeit.

Eine Ordnung, die auf Gesetzmäßigkeiten beruht, ist ein System, das auf einer Konzeption beruht. Eine Konzeption setzt für mich einen Urheber, einen Schöpfer voraus, eine allumfassende Energie, die das gesamte kosmische Geschehen initiiert hat.

Initiieren heißt, einen Anstoß geben, der eine Ereigniskette auslöst, die sich selbstständig fortsetzt. Und tatsächlich hat es ja den Anschein, dass das All mit all seinen Komponenten bis hin zur Evolution des Lebens so funktioniert. Und sie funktioniert so seit der Entstehung des Weltalls, ohne dass die verursachende Kraft weiterhin steuernd eingreift.

Andererseits können wir beobachten, dass geschaffene Ordnungssysteme die Tendenz haben, zu verfallen, wenn dem nicht durch energetischen Aufwand entgegengewirkt

wird. Ein Haus zum Beispiel ist mit all seinen Ausdrucksformen, seinen funktionalen Einrichtungen wie Wasser-, Abwasser-, Energieversorgung und so weiter ein Ordnungssystem. Es beginnt mit der Fertigstellung zu altern und verlangt nach Pflege und Erhaltungsmaßnahmen - also Energieaufwand, um möglichst lange zu funktionieren.
Ich finde, dass diese Tendenz zum Verfall für alle Ordnungssysteme gilt, also eine kosmische Gesetzmäßigkeit ist. Entstehen und Vergehen, Geburt und Sterben sind also Bestandteil der kosmischen Konzeption.

Das Leben auf dieser Erde ist von seiner Energiequelle, der Sonne, abhängig. Mit deren Versiegen wird auch das Leben enden und der Prozess der Evolution zusammenbrechen. Die Sonne ist die permanent wirksame energetische Quelle allen Lebens auf dieser Erde. Sie allein ist es, die dem Zerfall des Ordnungssystems Leben auf dieser Erde entgegensteht. Nach den Annahmen der Astrophysiker wird sich aber auch die Sonne in ferner Zukunft selbst aufzehren, sich noch einmal in einer Supernova aufblähen und dabei auch das Planetensystem verschlucken, um danach in sich zusammen zufallen. Dabei handelt es sich aber um kosmische Zeiträume, die mit unseren irdischen Zeitvorstellungen nicht vernünftig darstellbar sind. Wer von uns kann sich schon vorstellen, welche Zeiteinheit "Jahrmilliarden" darstellen.
Bis dahin aber bleibt die Sonne des energetische Zentrum unseres Ordnungssystems.

Wenn es aber ein kosmisches Gesetz ist, dass Ordnungssysteme nur durch Energiezufuhr bestehen bleiben, weil sie sonst zerfallen, dann glaube ich, dass eine allumfassende Energie den Schöpfungsprozess nicht nur initiiert hat, sondern auch permanenter Bestandteil der Schöpfung ist.

Diese allumfassende Energie ist für mich das Unbegreifliche, an deren Existenz ich glaube, wie immer man es nennen will. Es entzieht sich der Personifizierung, der Benennbarkeit und auch der Lokalisierung. Seine Existenz erschließt sich nur aus den Wirkungen in Form von Ordnungen, Regeln und Prozessen.

Die Menschheit ist dabei, diese immer weiter zu entschlüsseln.

1.2 Wege des Erkennens

Diese voranschreitende Entschlüsselung offenbart uns Zusammenhänge, die nur mit grenzenlosem Staunen erfüllen können.

Betrachten wir beispielsweise die Evolution des Lebens auf dieser Erde, so fällt auf:

Es sind nur wenige Bausteine, nämlich die der Urzelle erforderlich, um hochkomplexe Systeme wie zum Beispiel einen Menschen zu entwickeln. Und die hochkomplexe Struktur und Wirkungsweise eines menschlichen Organismus kann einen nur mit beeindruckter Bewunderung erfüllen, dazu gehören selbst die Mechanismen der Selbstzerstörung, die ein ewiges Leben verhindern; denn wo sollte ein ewiges Leben hinführen?

Es gibt kein Leben ohne Sonnenenergie. Doch nur Pflanzen können diese Energie aufnehmen und in Lebenskraft umsetzen. Sie geben diese Energie an anderes Leben weiter, wenn sie verzehrt werden. Die Verzehrer ihrerseits werden zur Energiebasis von Lebewesen, die sich nicht von Pflanzen ernähren können. Alles Leben hat deshalb seine

Energiebasis in der Sonne und nicht von der Erde. Die Erde ist das Umfeld irdischen Lebens, aber nicht seine Basis.

Die Evolution benötigt zur Anpassung des Lebens und dessen Weiterentwicklung das Sterben von Individuen und Arten. Der Tod ist die Voraussetzung für künftiges Leben, weil der Tod den Raum für künftiges Leben freigibt. Ohne den Tod würde die Evolution ersticken und die Schöpfung wäre am Ende.

Alles Leben stammt ab von der ersten entstandenen fortpflanzungsfähigen Lebensform einer Zelle mit der Fähigkeit, Zellverbände zu bilden. Alles andere danach war ein Prozess der stetigen Anpassung, der Weiterentwicklung bei stetiger Tauglichkeitsprüfung (Auslese). Wir sind also nichts anderes als stets weiterentwickelte Fossilien, die bisher die Tauglichkeitsprüfungen bestanden haben. Ein Embryo vollzieht bezeichnenderweise frühere Lebensformen noch immer in seiner Entwicklung nach.

Die Evolution schreitet über die Entwicklung individuellen Lebens hinaus, indem sie die Bildung von Gemeinschaften wie Familie, Horde, Stamm usw. zulässt und fördert, wenn sie der Arterhaltung zuträglich ist. Das Individuum gewinnt dadurch eine über die Sicherung der eigenen Existenz hinausgehende Aufgabe der Bewahrung und Erhaltung anderen Lebens - zunächst der eigenen Art.

Je weiter aber die intellektuellen Fähigkeiten entwickelt sind, desto weiter erstreckt sich der Bereich. Menschen erkennen inzwischen, dass sich ihr Aufgabenbereich auf die Bewahrung des Lebens im Ganzen erstreckt.

Die Bibel beschreibt in der Genesis ein recht statisches Modell der Schöpfung. Dort nimmt Gott sich sieben Tage

Zeit, um ein Endprodukt herzustellen - fix und fertig - und seitdem funktionierend wie ein Perpetuum Mobile.

Wie wir am Beispiel des Lebens sehen können, sind die Merkmale der Schöpfung aber ganz andere.

Das Leben benötigt nur ganz wenige Grundbausteine an Materie. es gibt keine andere Materie, als sie ohnehin im Kosmos vorhanden ist. Die Möglichkeit des Lebens ist also schon im Kosmos angelegt. Im Gegensatz zur Beschreibung in der Genesis werden keine Fertigprodukte hergestellt, sondern nur Bausteine.
Diese Grundbausteine haben die Eigenschaft, sich zu immer neuen Strukturen zusammen zu finden, die immer auch andere Eigenschaften präsentieren. Irgendwann entstand eine Struktur, die die Eigenschaft hatte, sich durch Teilung zu reproduzieren.

 Als Energiebasis wird von allem Leben direkt oder indirekt die Sonnenstrahlung genutzt.

Mit diesen Grundmitteln beginnt ein Prozess, der zu immer weiter veränderten, insbesondere auch erweiterten Strukturen führt, in denen Lebensfunktionen zunehmend arbeitsteilig wahrgenommen werden.

Strukturen, die sich in ihrem Lebensraum und auch im Vergleich mit anderen Strukturen nicht bewähren, sterben aus. Sie nehmen an dem andauernden Schöpfungsprozess nicht mehr teil.

Die Steuerungssysteme der Strukturen (Gehirn, Nerven usw.) werden immer leistungsfähiger bis sie beim Menschen diesen dazu befähigen, ich nicht nur der Umgebung anzupassen, sondern diese auch zu gestalten.

Es werden Fähigkeiten entwickelt, die über die unmittelbare Lebens- und Arterhaltung hinausgehen. Dazugehören zunächst künstlerische Fähigkeiten; das heißt Farben, Formen, Töne und alles andere, was unsere Sinnesorgane erfassen können, so zu kombinieren, dass sie von anderen als ästhetische Ausdrucksformen erkannt werden.

Dazugehören aber auch die Fähigkeiten, über das eigene ich hinaus zu empfinden, zum Beispiel Mitleid mit anderen Lebewesen zu haben.

Die Schöpfung ist also keineswegs statisch wie in der Genesis beschrieben, sondern ein noch immer ablaufender Prozess, der sich nach erkennbaren Regeln vollzieht.

Wir stecken mittendrin, können Regeln und Methoden analysieren, glauben auch eine Zielrichtung zu erkennen, weil eine Tendenz zu immer komplexeren und insbesondere auch intelligenteren Strukturen erkennbar ist. Aber wo dieser Prozess hinführen wird, wissen wir nicht.

Das Ziel des Schöpfungsvorgangs ist daher von uns nicht beschreibbar.

Wir können die Frage nach dem Sinn unseres Seins und Handelns also nicht daran messen, inwieweit es zielorientiert im Sinne der Schöpfung ist.

Wir können uns aber wenigstens fragen, ob es den Regeln und Methoden des Schöpfungsprozesses entspricht, diesen also fördert oder ihn stört.

Dazu ist es aber erforderlich, dass der Mensch sich nicht mehr als "Krone der Schöpfung" empfindet, der sich "die

Erde untertan macht", sondern als die intellektuell am weitesten entwickelte Form des Lebens, die aufgrund ihrer Fähigkeiten auch Verantwortung im Schöpfungsprozess übernehmen muss. Es handelt sich schließlich um Fähigkeiten, mit denen die Menschheit nicht nur sich selbst, sondern auch viele andere Lebensformen eliminieren kann. Die Evolution würde damit sicher nicht enden, aber wohl ganz andere Wege einschlagen. Der "Versuch Mensch" wäre damit allerdings gescheitert.

Dass immer mehr Menschen die Notwendigkeit einer Bewusstseins- und Verhaltensänderung begreifen, stimmt zuversichtlich. Aber es wird schwierig sein, den riesigen Eisblock der beharrenden Kräfte endgültig zum Schmelzen zu bringen. Zu viel an überhöhtem Selbstbild, einen individuellen Egoismen und Interessen muss aufgegeben werden.

2. Mit oder gegen die Schöpfung?

Das ist die Frage, deren Beantwortung letztlich darüber entscheiden wird, ob der Menschheit die weitere Teilnahme am Evolutionsprozess und damit am ganzen stattfindenden Schöpfungsvorgang gestattet werden wird.

Das Leben auf der Erde bleibt ohnehin eingebunden in die kosmischen Abläufe. Wir brauchen uns nur die Narben der Mondoberfläche anzusehen, um zu erkennen, welchen Bedrohungen es ausgesetzt ist, die sich einer irdischen Einflussnahme entziehen. Astronomen haben erst kürzlich den Einschlag eines Asteroiden auf einem der Planeten unseres Sonnensystems beobachtet, der eine riesige Explosionswolke verursachte, welche fotografiert werden konnte. Ein vergleichbares Ereignis auf unserer Erde würde alles Leben vernichten und die irdische Evolution beenden. Derartige kosmische Vorgänge entziehen sich unserer Einflussnahme. Dagegen könnten wir absolut nichts tun!

Umso mehr Grund besteht, dass wenigstens nicht wir selbst die Basis des Lebens auf unserem "blauen Planeten" zerstören. Es ist allerhöchste Zeit, dieses zu erkennen und dementsprechend zu handeln.

Aber was müssten wir tun? Wie schon oben gesagt, können wir nicht prüfen, ob unser Handeln zielorientiert im Sinne der Schöpfung ist, weil wir das Ziel nicht kennen. Diese Unkenntnis erschwert es uns, die Maßnahmen zu benennen, die unsere Existenz im Schöpfungsprozess sichern könnten.

Aber – wie auch schon gesagt - wir können uns fragen, ob unser Handeln wenigstens den Regeln und Methoden der Evolution des Lebens auf dieser Erde entspricht.
Damit wären wir ein konstruktiver Bestandteil der Schöpfung und würden diese fördern anstatt - wie jetzt zunehmend mehr - sie zu stören.

Wie die Evolution des Lebens auf dieser Erde nur ein marginaler Teil der gesamten kosmischen Schöpfung ist, sind unsere Wirkmöglichkeiten im Gesamtprozess ohnehin verschwindend gering. Sie begrenzen sich letztlich nur auf die Erhaltung unserer Art in einem Biotop - nämlich dem der Erde -, das unsere Existenz zulässt und - im Rahmen unserer Möglichkeiten - auf die Erhaltung der Arten, die in dieser Schöpfungsphase unsere Lebensnachbarn sind; und dieses als ein bewusstes und gestaltendes Eingreifen, und das ist mehr als es jede andere Spezies der Schöpfung auf unserer Erde kann.

2.1 Was aber sind die Regeln und Methoden der Evolution?

Die Betrachtung der Vorgänge in der Natur lässt bestimmte Eigenschaften (Vorgehensweisen) erkennen, die wegen ihrer stetigen Wiederholung als Regel oder Methode verstanden werden können.

Dazu gehören insbesondere:

- ***Die Voranschreitende Ausbildung von immer komplexeren Systemen durch Versuch und Test.***

- *Die Zunehmende Arbeitsteilung innerhalb von Systemen.*
- *Eine über das individuelle Leben beziehungsweise das der Individuen hinausgehende Bildung von Verbindungen.*
- *Die stetige Weiterentwicklung von neuralen Fähigkeiten.*
- *Weitergabe nur der Erkenntnisse, die sich als dauerhaft wichtig erwiesen haben.*
- *Absterben untauglicher Entwicklungen.*
- *Unterordnung individuellen Lebens gegenüber der Artensicherung.*
- *Die Ausgewogenheit von Leben und Sterben.*

Weil es diese Regeln und Methoden als Ablaufdirektiven im Evolutionsprozess gibt, der seinerseits ein Vorgang im Rahmen eines allumfassenden Schöpfungsvorgangs ist, kann man diese als vom Schöpfer vorgegeben ansehen.

Sie sind die eigentlichen uns verfügbaren Postulate, welche die Messdaten für menschliches Handeln sein sollten.

Alle anderen menschlichen Gebote, Gesetze usw. stehen diesen nach und sind nur dann sinnorientiert, wenn sie diesen Postulaten nicht entgegenstehen, sondern entsprechen. Das gilt insbesondere auch für religiöse oder sonstige ideologische Vorstellungen, die von ihren Verfechtern als normative Vorgaben ausgegeben werden.

2.2 Wie sieht es nun also mit der Einhaltung der Ablaufdirektiven aus?

2.2.1 die Entwicklung komplexerer gesellschaftlicher (politischer) Systeme

Das historische Erinnerungsvermögen der Menschheit reicht allenfalls 8 bis 10.000 Jahre zurück. Das ist nicht viel, gemessen an den Zeiträumen der Evolution und der Entwicklungszeit des Menschen. Weiter zurück gehen Erkenntnisse der Archäologen, die uns Aufschluss über die Lebensweise der Menschen in vorhistorischer Zeit geben.

Zu Beginn der historischen Zeit finden wir bereits großflächige Staaten mit einer strukturierten Gesellschaft vor, die in Konkurrenz zueinander stehen. Sie sind schon das Ergebnis einer langen Entwicklung, in der sich die individuellen und gesellschaftlichen Fähigkeiten herausgebildet haben.

Die Staaten bestehen so lange, wie sie dem Konkurrenzdruck anderer Staaten standhalten können; das heißt solange sie nach innen und außen die Stabilität aufrechterhalten können, indem sie militärische Stärke, geistige und organisatorische Ordnung sowie eine gesicherte Ernährungsgrundlage bewahren. Manchen Staaten wie zum Beispiel Ägypten oder China gelingt dies über mehrere 1000 Jahre.

Dabei spielen Wissenschaft, Religion oder besser Weltanschauung und insbesondere Technik große Rollen.

Und die Staatenbildung setzt voraus, dass die Individuen sich in immer größer werdende gesellschaftliche Strukturen unter Aufgabe von viel der eigenen Handlung- und Entscheidungsfreiheit einfügen. Weltanschauliche Übereinstimmung erleichtert dieses. Fehlt diese, bleiben die Staatssysteme instabil, was in der Geschichte häufig deren Zusammenbruch herbeiführte.

Aber auch die Weiterentwicklung von Wissenschaft und Technik sind Bestehensvoraussetzungen. Stagnation bedeutet Rückstand gegenüber konkurrierenden Staatssystemen, deren Druck letztlich nicht standgehalten werden kann.

Man kann davon ausgehen, dass die intellektuellen Fähigkeiten der Menschen vor 10.000 Jahren im Wesentlichen den Unseren entsprachen. Wir wissen von uns, dass wir weder qualitativ noch quantitativ alles leisten können, sondern dass für die Bewahrung gesellschaftlicher Strukturen eine immer differenzierter werdende Arbeitsteilung notwendig ist. Diese Arbeitsteilung können wir bereits in den Staaten zu Beginn der historischen Zeit erkennen. Sie war wahrscheinlich sogar der Grund für die Staatenbildung. Nur so konnten stets kampfbereite Kriegerscharen bereitgehalten werden, um die Angriffe äußerer Feinde abzuwehren.

Die Arbeitsteilung führte aber auch zwangsläufig zu Über- und Unterordnungsverhältnissen nicht nur freiwilliger Art sondern letztendlich auch zu Despotien mit Rechtlosigkeit und Versklavung großer Anteile der Bevölkerung. Die einen beanspruchten einen "Gott gegebenen und deshalb unanfechtbaren" Führungsanspruch, der sie zur totalen Unterwerfung und Ausbeutung der anderen berechtigte, die anderen hatten die Mittel für den luxuriösen Lebensstil der Führungsschicht bereitzustellen und Hunger, Armut und Sklaverei zu ertragen - wobei das jeweilige "Bodenpersonal Gottes" zumeist die Führungsschicht abzusichern half. Wie wir tagtäglich sehen können, sind derartige Strukturen bis heute nicht überwunden, nur verstecken sie sich hinter anderen Ideologien.

Heute ist ein Trend erkennbar, nach Wegen zu suchen, die Begrenzung staatlicher Strukturen in größeren Verbindungen wie zum Beispiel Bundesstaaten (USA) oder Staatenbünden wie der EU zu überwinden. Auch die Herausbildung erdumfassender Vereinigungen wie den "Vereinten Nationen", so schwach sie auch noch sein mögen, bestätigt diesen Trend.

Eine weltweite Zusammenarbeit wird auch durch die unter dem Stichwort "Globalisierung" zusammengefassten Entwicklungen befördert, die aber auch die Gegensätze deutlicher aufzeigen.

Weniger weit ist die Herausbildung einer gemeinsamen Weltanschauung vorangekommen. Sowohl in religiösen wie in gesellschaftspolitischen Fragen bestehen weiterhin erhebliche, tief greifende Meinungsunterschiede, die häufig in gewalttätigen Auseinandersetzungen deutlich werden.

Wie schon früher erwähnt, deuten die Religionen alle nur eines, nämlich das Unerklärliche des gesamten Kosmos und insbesondere seiner Schöpfung. Dabei wird die jeweils eigene Deutung als die einzig richtige angesehen und mit Vehemenz verbreitet und verteidigt. Und es scheint dabei die Anwendung jeden Mittels vertretbar zu sein bis hin zur Tötung und Ausrottung Andersdenkender. Selbst innerhalb von Glaubensrichtungen wie zum Beispiel dem Christentum oder dem Islam bestehen tief greifende Differenzen über Fragen, die einem Außenstehenden nur als belanglos oder sogar lächerlich erscheinen können. Es ist die Angst, die "göttliche" Interpretationshoheit in Religionsfragen und damit die Macht über Menschen zu verlieren, die "Gottes Bodenpersonal" umtreibt und damit zu den zu den kuriosesten Kapriolen verleitet, die leider oft sehr schlimme Folgen haben wie beispielsweise das Verbot von Geburtenkontrolle und Verhütungsmitteln durch die katholische Kirche.

Ich denke, es ist an der Zeit anzuerkennen, dass jede Religion gleichwertig ist in dem Versuch, dass Unerklärte und vielleicht Unerklärbare der Schöpfung zu deuten. Es ist doch gar nicht wichtig, andere von der Richtigkeit des eigenen Glaubens zu überzeugen. Jeder glaubt letztlich auch nur an die Existenz einer allmächtigen Kraft und dieses nur auf unterschiedlichen Wegen.

Und wen das alles ganz unberührt lässt, den sollte man ebenfalls gewähren lassen; denn er ist schon allein aufgrund seiner Existenz ein Bestandteil des Schöpfungsvorgangs und trägt, ohne es zu wissen, dazu bei. Und in dieser Situation scheinen sich mir übrigens die meisten Menschen auf dieser Erde zu befinden.

Es bedarf auch keiner neuen Religion, die in Konkurrenz zu den bestehenden Religionen tritt. Für die evolutionäre Weiterentwicklung wäre vielmehr die Herausbildung eines geistigen Überbaues erforderlich, unter dem die bestehenden Religionen mit ihren jeweiligen Glaubenssätzen existieren könnten. Dann würde sich in der weiteren Zukunft erweisen, welche Glaubensansätze auf die Dauer tragfähig sind und nicht nur dem Bereich der Mythen zuzurechnen sind.

Zu den Weltanschauungen sind nicht nur die Religionen zu rechnen, sondern auch die - zumeist aus Religionen entwickelten - Anschauungen über Funktion und Arbeitsweise von gesellschaftlichen Verbindungen. Da gibt es sehr unterschiedliche Modelle. Man denke nur an die abendländisch geprägten Demokratie-Modelle mit schrankenloser Marktwirtschaft, sozial gebundener Marktwirtschaft oder

geplanter Wirtschaft oder an die   islamitischen Gottes-
staatsvorstellungen mit ähnlichen Marktvorstellungen.

Auch die aus der jeweiligen Kultur entstandenen Vorstellungen über Menschenrechte differieren stark. Die einen
betonen die Individualrechte, die anderen sehen mehr die
gesellschaftlichen Interessen als vorrangig an. Und wie bei
den Religionen verstehen sich die einen wie die anderen
jeweils als Heilsbringer und versuchen ihre Anschauungen
zum Teil mit Gewalt zu verbreiten; sinnlose und höchst ge-
fährliche Unterfangen, welche die Existenz der gesamten
Menschheit gefährden können.

Religiöse und weltanschauliche Missionsvorhaben bemän-
teln auch sehr oft nur eigene Vorteilsinteressen in macht-
oder wirtschaftspolitischer Hinsicht. Oder glaubt jemand
wirklich daran, dass die USA und Großbritannien den Irak
angegriffen haben, um dort Demokratie und Rechtsstaatlichkeit einzuführen? Mitnichten, denn dann müssten sie
auch alle anderen Staaten angreifen, in denen Demokratie
und Rechtsstaatlichkeit nicht verwirklicht sind. Die USA und
Großbritannien stehen mit ihrem Irakkrieg aber nur exemplarisch für viele andere, die in ähnlich heuchlerischer Weise
Kriege anzetteln und führen.
Und sie sind dabei, nicht nur ihr eigenes Ansehen sondern
auch ihren politischen Einfluss zu verspielen. Ihr eigener
Anspruch - zum Beispiel der der USA und Großbritanniens
- auf moralische, militärische und politische Überlegenheit
wird ad absurdum geführt, wenn sie seit bisher fünf Jahren
nicht in der Lage waren, ein vergleichsweise kleines Volk in
einem Staatsgebiet mittlerer Größenordnung zu befrieden.

Und sie fühlen sich in ihrem eigenen Staatsgebiet mittler-
weile so bedroht, dass sie ihre eigenen demokratischen

Grundsätze immer mehr über Bord werfen und die Rechte ihre eigenen Bürger einschränken. Welch ein Gewinn!

Und die Kosten dieser Kriege überfordern Sie derartig, dass es zu einer Schwächung ihrer politischen Macht kommt. Sie können kaum glaubwürdig Anderen Kriege androhen, wenn sie nicht einmal in der Lage sind, die bestehenden zu beenden. Sie können zwar zerstören, für die Gestaltung und den Aufbau fehlt ihnen jedoch die Kraft.

Und sie werden zu der Erkenntnis kommen, dass ihre hochgerüsteten und hoch technisierten Armeen zwar noch unverzichtbar aber nur noch als Drohkulisse einsetzbar sind. Vielleicht ist das Ergebnis der Präsidentenwahl in den USA im Jahr 2008 bereits ein erster Schritt in diese Richtung.

Die Schwächung der einen führt zur Stärkung der anderen. Man kann nur hoffen, dass deren Stärkung nicht zu deren Anmaßung führt. Ansonsten werden Interessen- und Machtkonflikte weiterhin durch Drohung, Erpressung und Krieg ausgetragen werden.

Das Aufrechterhalten insbesondere auch atomarer nationaler Drohkulissen hat keinen Befriedungseffekt. Wie die Erfahrung zeigt, fühlen sich gerade bedrohte Staaten veranlasst, nach Atomwaffen zu streben, um den Preis für einen Angriff möglichst hoch zu schrauben. Und sobald sie darüber verfügen, brechen gegen sie aufgebaute Drohkulissen zusammen; es sei denn, auch ein atomarer Krieg mit seinen unabsehbaren Folgen wird in Kauf genommen. Und je weniger der Droheffekt atomarer Waffen bei der Durchsetzung politischer Ziele wirkt, umso wahrscheinlicher wird deren Einsatz als militärisches Mittel. Der Drohung folgt logischerweise die Tat, wenn die Drohung nicht zu den erwünschten Ergebnissen führt.

Der Versuch, den Besitz atomarer Waffen auf einen kleinen elitären Kreis von Staaten zu begrenzen, ist längst gescheitert; und es ist absehbar, dass bald eine große Anzahl von Staaten über diese Waffen verfügen wird. Deren Einsatz wird damit aber immer wahrscheinlicher.

Das Gebot unserer Zeit besteht deshalb darin, nicht nur die eigenen Interessen mit allen Mitteln zu verfolgen, sondern auch die Interessen anderer zu berücksichtigen und dem Gesamten dienliche Kompromisse zu erzielen.

Ansätze dazu sind ja in einer Vielzahl internationaler Einrichtungen - allem voran der UN - vorhanden. Deren Ausgestaltung stehen aber noch die egozentrischen Interessen insbesondere der Großmächte entgegen, die eigentlich aufgrund ihrer Machtposition ganz besonders dem Gesamten verpflichtet sein sollten.

Dies zeigt auch die Behandlung der im Jahr 2008 eklatant deutlich gewordenen Krise des internationalen Finanzsystems, die zu einer Weltwirtschaftskrise bisher unbekannten Ausmaßes zu führen droht. Diese für alle nationalen Volkswirtschaften bestehende Gefahr - unabhängig davon, welche ideologischen Grundlagen diese haben - zwingt zu gemeinsamem Handeln. Jedoch scheinen die Lösungen wiederum nur darin zu bestehen, dass die Gesamtheit der Menschen für die Schäden aufkommen muss, welche die gierigen Kapitalinhaber in ihren Monopoly- Spielen leichtfertig verursacht haben. Die wirklichen, im Finanzsystem begründeten Ursachen werden aber nicht beseitigt werden.

2.2.2 Warum tut sich die Menschheit in diesen Fragen so schwer?

Alle Fremden sind potentiell gefährlich, ängstigen und müssen also vertrieben oder gar vernichtet werden. Ein Leitsatz, der auf leidvolle Erfahrung der Menschheit zurückgeht. Bis heute versuchen Staaten, Völker, Stämme und so weiter andere zu unterwerfen und auszubeuten, was zu erheblichen Verlusten an Menschen und deren Lebensgrundlagen führt. Es müssen nicht immer Kriege sein, auch die rücksichtslose Ausnutzung wirtschaftlicher Überlegenheit kann diese Folgen haben.

Es ist also eine mental verankerte Erfahrung, die auf den verschiedenen Organisationsebenen wie Familie, Volk, Staat, Staatengemeinschaft usw. stets neu wirksam wird. Man muss folglich einerseits vorsichtig und andererseits stark sein. Nach innen befriedet zumeist Zuneigung, Freundlichkeit und Hilfsbereitschaft, nach außen sind Abgrenzung, Verteidigungsbereitschaft, Härte und Grausamkeit gefordert.

Diese seit Urzeiten erfolgreichen und eingeprägten Verhaltensmuster wirken in einer entstehenden, weltumfassenden menschlichen Gemeinschaft kontraproduktiv. Ihre Überwindung ist Voraussetzung für das Bestehen der Menschheit im Evolutionsprozess.

Leider sind wir davon aber noch weit entfernt. Man bedenke nur das Phänomen der Fremdenfeindlichkeit, die charakteristischer Weise dort am größten ist, wo es nur sehr wenige Fremde gibt.

Doch was heißt fremd?

Fremd kann schon der sein, der aus dem Nachbarort, Nachbarbezirk, Nachbarstadtteil kommt; wenn man es geographisch sieht. Aber auch der aus dem anderen Sportverein, aus der anderen Partei, aus dem anderen Beruf, aus einer anderen sozialen Schicht usw. ist fremd.

Doch wer sogar aus einem anderen Land mit einer anderen Hautfarbe, einer anderen Sprache und einer anderen Kultur kommt und vielleicht einer anderen Religion glaubt, stellt das eigene Selbstbild so stark infrage, dass er unbedingt abgelehnt oder sogar bekämpft werden muss. Das eigene überhöhte Selbstbild, die eigene Vorstellung davon, wie man lebt, denkt, fühlt, muss unbedingt gerettet werden. Sonst droht das Chaos!

Und es gibt immer "andere" die "anders" sind und damit als potentielle Gefahr empfunden werden. Und diese unsere instinktiven Ängste, die in Abwehrverhalten und letztlich in Aggression einmünden, werden ständig genutzt, um uns zu manipulieren.

Wir bilden uns unsere Meinungen und Ansichten aus dem, was wir erfahren, das heißt aus allen Informationen, die uns - auf welche Weise auch immer - zufließen. Zwar werten wir diese vor dem Hintergrund aller bisherigen eigenen Erfahrungen und können sie häufig auch als falsch verwerfen, aber wir haben sie gespeichert.

Bei häufiger Wiederholung aus uns zuverlässig erscheinenden Quellen werden wir in unseren bisherigen Ansichten unsicher und beginnen die Informationen als richtig zu akzeptieren. Und das Wenigste ist von uns unmittelbar überprüfbar. Meist müssen wir uns auf das stützen, was uns durch Worte und Bilder vermittelt wird. Und dabei kann gelogen, verfälscht, weggelassen, überbetont und so weiter werden.

Wir wissen, dass dieses ständig geschieht. Zwar können wir uns fragen, von wem die Information kommt und welches Ziel diese Quelle damit verfolgen könnte? Aber im Normalfall sind wir nicht in der Lage, den Wahrheitsgehalt festzustellen. Somit sind wir manipulierbar und werden auch ständig manipuliert mit unterschiedlich großen Auswirkungen.

Das mag noch relativ harmlos erscheinen, wenn wir zum Beispiel veranlasst werden sollen, bestimmte Produkte zu kaufen, oder uns von diesen abzuschrecken. Butter ist ja so gesund und als Naturprodukt der Margarine auf jeden Fall vorzuziehen oder aber aus: Butter enthält soviel Cholesterin, dass es viel besser ist, aus pflanzlichen Fetten hergestellte Margarine zu essen. Es ist aber bestimmt nicht harmlos, wenn wir zu Aggression oder zur Unterstützung von Aggressionen gegen andere bewegt werden sollen.

Hier liegen die Wurzeln für Fremdenfeindlichkeit, Pogrome, Völkermord, Krieg und Terrorismus als eine andere Form der Kriegsführung. Mit der heute gegebenen Vernichtungskraft der Waffen kann schlimmstenfalls eine Vernichtung auch der Menschheit nicht mehr ausgeschlossen werden. Wenn wir den Bogen zurück schlagen zu den Prinzipien der Evolution, müssen wir feststellen, dass unser Verhalten unbedingt veränderungsbedürftig ist. Solange wir nicht unseren Mitmenschen als schützenswerte Mitglieder unserer Spezies Mensch begreifen, verstoßen wir gegen das überlebensnotwendige Prinzip der Kooperation. Allein können wir in der voranschreitenden Evolution nicht bestehen.

Es wird voraussichtlich immer Wettbewerbe, Konkurrenz und Interessengegensätze geben. Es muss aber auch allgemein akzeptierte Grundsätze geben, nach denen die sich ergebende Konflikte friedlich unter Berücksichtigung der jeweiligen Interessen im Kompromiss gelöst werden. Wie bereits gesagt, sind die Ansätze dazu in bereits geschaffenen internationalen Einrichtungen gegeben.

Ich bin der Überzeugung, dass deren Weiterentwicklung zu komplexeren Systemen der friedlichen Zusammenarbeit der Menschheit führen würde, was den Prinzipien der Evolution entspräche.

Das damit verbundene Sich-kennen-lernen würde zum besseren gegenseitigen Verstehen und damit auch zum Abbau von Ängsten und Feindlichkeit führen. Wenn wir dann auch erkennen würden, dass unsere instinktiven Ängste und Abwehrmechanismen uns nicht schützen, sondern sich gegen unsere eigenen Lebensinteressen richten, dann würden wir auch gegen Manipulationen immuner und uns von Demagogen nicht verleiten lassen.

Meine Überzeugung beruht darauf, dass sich während meiner Lebenszeit trotz vieler Rückschläge vieles getan hat. In meiner Kindheit habe ich noch die Schrecken des Zweiten Weltkrieges erlebt. Daraus resultiert meine lebenslange pazifistische Einstellung.
Die Auseinandersetzung mit den Ursachen und der Durchführung des Holocaust sensibilisierten mich zutiefst gegen Rassismus und Fremdenfeindlichkeit. Ich hatte völlig idealisierte Vorstellungen von einem Weltbürgertum, welches die rassischen, ideologischen, religiösen Differenzen überwinden würde.

Das waren zugegebenerweise Vorstellungen, die mit der Realität der Welt leider nicht in Einklang standen und bis heute auch nicht stehen.

Weder war der Kolonialismus überwunden, noch hatten es die ideologischen Lager des Kapitalismus und des Sozialismus aufgegeben, sich gegenseitig zu überwinden. Eine große Auseinandersetzung fand angesichts des existierenden atomaren Overkills zwar nicht statt, die Sicherung der jeweiligen Einflussbereiche führte jedoch zu regionalen Kriegen wie in Korea und Vietnam oder zu Unterdrückungskriegen wie in Ungarn oder der Tschechoslowakei.

Und das war nur die sichtbare Spitze des Eisbergs. Unter der für die Allgemeinheit sichtbaren Oberfläche fand ein gnadenloser Krieg der Geheimdienste statt, die vor keinem Mittel zurückschreckten, um weltweit die Interessen ihres Staates durchzusetzen. Bestechung, Mord, Sturz von Regierungen waren in großem Umfang an der Tagesordnung, während die Weltöffentlichkeit durch lancierte Falschnachrichten von gekauften Politikern, Journalisten und Nachrichtenbüros hinters Licht geführt wurde. Insbesondere die imperialen Mächte wie die USA und die Sowjetunion betrieben hier eine gnadenlose Auseinandersetzung, die aber zumeist auch zu Lasten anderer Staaten ging, weil diese mit subversiven Mitteln in den eigenen Einflussbereich gezogen oder aber dort gehalten werden sollten. Der Einsatz von Geheimdiensten in der beschriebenen Weise - also weit über die Nachrichtenbeschaffung hinausgehend - ist eine Vorform des Krieges, sie hat vielleicht sogar Kriege verhindert, weil auch auf diese Art und Weise die Ziele erreicht wurden. Das machte diese Methoden nicht schöner, sie waren nur einer der Wege der imperialen Auseinandersetzungen.

Da aber alle um den Einsatz derartiger Mittel wissen, ist das gegenseitige Misstrauen immens und vergiftet die Atmosphäre. Auch wir, als ständig getäuschte Individuen, sind völlig verunsichert, welchen Aussagen und Nachrichten zu trauen ist. Und man muss davon ausgehen, dass Geheimdienste auch heute noch so arbeiten.

Auch der Kolonialismus endete in vielen Fällen erst nach kriegerischen Auseinandersetzungen wie in Vietnam, dem Kongo oder Algerien, die teilweise jahrzehntelang ausgetragen wurden. Auch heute noch tragen viele Kriege kolonialistische Züge - wie zum Beispiel die Kriege im Irak oder in Tschetschenien. Aber letzten Endes geht es auch hier nur um die Sicherung des Einflussbereiches und um den Zugriff auf für die Mächte lebenswichtige Ressourcen - insbesondere das Erdöl.

Andererseits aber wurde die Organisation der "Vereinten Nationen" gegründet und ich habe den Eindruck, dass der Einfluss dieser Institution ganz allmählich zunimmt. Vielleicht liegt das daran, dass sich weltweit die Erkenntnis immer mehr durchsetzt, dass ein Überleben aller nur durch Gemeinsamkeit in der internationalen Zusammenarbeit erreicht werden kann. Dennoch leidet diese Organisation unter Schwächen, auf die später noch zurückzukommen sein wird.

Besonders bemerkenswert aber finde ich, dass es den europäischen Staaten gelungen ist, aus der Asche des Zweiten Weltkrieges heraus sich zur Europäischen Union zusammen zu finden und die Zusammenarbeit schrittweise zu vertiefen. Sollte dies ist ein Erfolgsmodell bleiben, was keinesfalls sicher ist, wird es Nachahmungsinitiativen in anderen Erdteilen geben.

Jedoch befindet sich die Europäische Union derzeit in der Krise. Manche Politiker aber auch viele Bürger haben nicht begriffen, dass es für Europa nur eine Zukunft in der Gemeinsamkeit geben wird. Sie widersetzen sich notwendigen strukturellen Reformen aus Misstrauen gegenüber ihren europäischen Nachbarn oder aus Angst vor einem eigenen Machtverlust. Es sind die alten, tief verwurzelten Ängste vor dem Fremden.

Bei vielen europäischen Bürgern resultiert das Unbehagen gegenüber der EU aber wohl auch daraus, dass diese den Fragen des sozialen Ausgleichs in einer kapitalistischen Welt zu wenig Aufmerksamkeit widmet. Die meisten Menschen sind Arbeitnehmer und sie wollen, dass ihre Anliegen gegenüber der kapitalorientierten Wirtschaft deutlicher vertreten werden. Man muss den Arbeitnehmern allerdings auch vorwerfen, dass es ihnen bisher nicht gelungen ist, auf europäischem Niveau agierende Gewerkschaften zu bilden, während sich die Unternehmerschaft zunehmend internationalisiert.

Mit der Übernahme eines europäischen Erfolgsmodells durch andere wäre aber dennoch nicht gesichert, dass die Menschheit den Schritt zu einem funktionierenden weltweiten Verbund- und Ordnungssystem schafft. Schafft sie es aber nicht, dann wird sie die anstehenden Probleme nicht lösen können, die insbesondere in dem Bevölkerungswachstum, der Klimaveränderung, der ungleichen Verteilung der Ressourcen und - last but not least - im Absterben der evolutionären Artenvielfalt liegen.

Ohne sich die Folgen im Einzelnen auszumalen, es läge in der Gesetzmäßigkeit der Evolution, dass dann die Menschheit aus dem evolutionären Prozess wegen unzureichender Anpassungsfähigkeit ausgeschieden werden würde.

2.3 Wege zur evolutionären Anpassung

Das sich "Mensch" nennende Säugetier hat über viele 100.000 Jahre in und mit der Natur gelebt, ohne sie zu verändern.

Mit dem Anwachsen seiner geistigen Fähigkeiten errang dieses "Tier" jedoch in der Welt des Lebens eine derart herausragende Stellung, dass es sich nicht mehr nur an die jeweilige Umwelt anpasste, sondern diese auch aktiv zu gestalten begann. Es ist heute so weit entwickelt, dass es sich kaum noch als ein Bestandteil der Fauna zu sehen vermag. Der Mensch sieht sich vielmehr als eine spezielle Sonderproduktion der Schöpfung, die aufgerufen ist, "sich die Erde untertan" zu machen. Dies ist auch die dumme Grundlage vieler Religionen.

Dementsprechend sieht die Welt heute auch aus.

Wesentliche Teile der Erde - nämlich die von Menschen nutzbaren - sind in "Kulturlandschaft" verwandelt, wie sie beschönigend genannt wird. Natürliche Ressourcen wie Erze, Erdöl, Erdgas, Kohle wurden und werden bis zu deren Erschöpfung verbraucht. Nachwachsende Ressourcen in Flora und Fauna werden in einem Umfang verwendet, dass die Regeneration der Arten nicht mehr gewährleistet ist und sie aussterben. Oder sie sterben aus, weil der Mensch ihnen in seiner "Kulturlandschaft" den Lebensraum nimmt.

Dieser Prozess ist schon lange im Gange. Man denke nur an die Vernichtung der Wälder im Mittelmeerraum in der Antike. Sie wurden als Baumaterial insbesondere auch für

Schiffsflotten verwendet. Die dadurch einsetzende Verkarstung der Landschaft ist nicht rückgängig zu machen. Weil wir sie nicht anders kennen, empfinden wir die in der Sonne glühende Mittelmeerlandschaft als schön. Dafür, sie uns als eine bewaldete und von Tieren erfüllte Landschaft vorzustellen, fehlt uns die Vorstellungskraft.

Ein anderes Beispiel ist das Abschießen von - geschätzten - 70 Millionen Bisons in den Great Plains Nordamerikas in der zweiten Hälfte des 19. Jahrhunderts. Das von den Bisons entleerte Land wurde landwirtschaftlicher Nutzung zugeführt. Doch das von der Grasnarbe befreite Land hielt den Sandstürmen nicht stand und musste teilweise wieder aufgegeben werden. Auch die Zucht von Rindern auf den Sandflächen stößt auf Schwierigkeiten, weil die Haustierrassen dem harten Klima nicht gewachsen sind. Heute versucht man aus den wenigen Restzahlen an Bisons eine neue Population heranzuzüchten, wenn sich diese Sandflächen wieder mit Büffelgras bedeckt haben.

Ein beängstigendes Merkmal dieses Zerstörungsprozesses der Natur ist seine permanente Beschleunigung, die insbesondere in den letzten 2 bis 300 Jahren durch sich beschleunigendes Bevölkerungswachstum und rasantes Anwachsen insbesondere des technologischen Wissens verursacht ist.

Bevölkerungswachstum und bedenkenloses Umsetzen des Wissens zur Ausbeutung der Ressourcen sind die Faktoren, die zur Schließung der ökologischen Lücke führen müssen, die der Mensch in der Evolution besetzt, wenn hier nicht eine radikale Verhaltensänderung einsetzt.

Dies würde letztlich sein Aussterben bedeuten, nicht aber des gesamten Lebens, so dass die Evolution einen anderen

Weg gehen würde - allerdings ohne dass "Experiment Mensch".

Ist diese Katastrophe vermeidbar?

Was die Evolution geschaffen hat, ist ein austariertes System, in welchem die Flora sich unter Nutzung des Sonnenlichts regeneriert, wo in der Fauna die Pflanzenfresser auch vom Futterangebot der Flora abhängig sind und die Zahl der Fleischfresser wiederum am Angebot an Beutetieren ausgerichtet ist. Gerät das Gleichgewicht - wodurch auch immer - durcheinander, so bedeutet dies das Aussterben von Arten; sie sind unwiederbringlich verloren. Die Gesetzmäßigkeiten der Evolution führen normalerweise langfristig zu einer erneuten Austarierung des Systems "Leben".

Doch die Evolution hat und braucht Zeit, sie richtet sich nicht nach den Lebens- oder Zeitvorstellungen der Menschen.

Für dieses evolutionäre System stellt die Spezies Mensch eine katastrophale Störung dar, weil das von ihr ausgehende Artensterben und die fortschreitende Veränderung der Umweltbedingungen in so kurzer Zeit die zeitlichen Reaktionsmöglichkeiten der Evolution überfordern.

Nach den Gesetzmäßigkeiten der Evolution stirbt eine Spezies aus, die sich selbst die Nahrungsgrundlage durch Überforderung der Nahrungsbasis bei gleichzeitiger Zerstörung der lebensnotwendigen Umweltbedingungen entzieht.

Besonders drastisch zeigt sich das menschliche Fehlverhalten derzeit darin, dass große Flächen der Nahrungsmittelreproduktion entzogen werden, um stattdessen aus Biomasse Treibstoffe für Autos herzustellen, obwohl dadurch die Nahrungsmittelpreise ansteigen und viele Menschen hungern müssen.

Der Grund liegt darin, dass bei zunehmend knapper werdenden Treibstoffen mit Biotreibstoffen mehr Geld zu verdienen ist als mit Nahrungsmitteln. Das kapitalistische Ziel der Geldvermehrung wird also dem Ziel, den Menschen das zum Leben Erforderliche zu produzieren, übergeordnet. Es mag ja richtig sein, dass auch Treibstoffe zum Überleben notwendig sind, doch niemand hat die hier miteinander konkurrierenden Ziele mit Vernunft gegeneinander abgewogen. Nur der erzielbare Gewinn ist das Entscheidungskriterium. Dieses allein ist jedoch zu wenig! Sind wir denn nicht in der Lage, wirtschaftliches Gebaren rational anzugehen und nicht nur unter dem Gesichtspunkt der Profitvermehrung?

Setzen wir also den zur Zeit begangenen Weg weiter fort, wird das mit absoluter Sicherheit in einer Katastrophe enden, mit der das" Experiment Mensch "aus dem Schöpfungsprozess eliminiert werden könnte.

Jedoch anders als alle anderen Lebensformen können wir Menschen diese Gefahr erkennen und auch regulierend eingreifen. Bloß wir müssten dies auch tun und zwar sofort und nicht in ferner Zukunft.

Und über eines sollten wir uns im Klaren sein. Wir mögen den Evolutionsprozess noch so sehr stören, völlig vernichten werden wir ihn nicht. Er wird nur - dann allerdings ohne uns - andere und neue Wege gehen.

2.4 Was müssten wir tun?

Die Zahl der Weltbevölkerung, die Höhe des Verbrauchs an
Ressourcen und die von den Menschen verursachten Um-
weltveränderungen stehen miteinander in Beziehung.

Der wichtigste Faktor ist die Zahl der Weltbevölkerung. Jeder existierende Mensch verursacht Ressourcenverbrauch
und Umweltverschmutzung. Er benötigt zunächst Nah-
rungsmittel pflanzlicher und tierischer Art, viel Wasser und
scheidet diese wieder aus. Solange der Mensch im Einklang mit der Natur lebte, regelte sich das im Rahmen des
von der Evolution austarierten Systems ohne Nachteile für
das gesamte organische Leben - quasi in einem paradiesi-
schen Urzustand.

Die wachsenden intellektuellen Fähigkeiten ermöglichten es
den Menschen jedoch durch Viehhaltung und Ackerbau
seine existenziellen Grundlagen erheblich zu erweitern. Mit
seiner Intelligenz konnte er immer komplexere technische
Hilfsmittel (vom Faustkeil bis zum Computer) entwickeln,
die ihn seine eigenen physischen und psychischen Begrenzungen radikal überschreiten ließen. Damit erhöhten sich
seine Eingriffsmöglichkeiten in das austarierte ökologische
System dramatisch.

Schien die Belastbarkeit des ökologischen Systems zunächst groß genug, um diese Eingriffe zu verkraften, weil
die Zahl der Menschen nicht so groß war und durch Krankheit - insbesondere Seuchen - immer wieder dezimiert wurde und die jeweils existierende Zahl auch durch frühe
Sterblichkeit begrenzt blieb, so ist diese Annahme durch die
eingetretenen Entwicklungen nicht mehr haltbar. Wir müssen heute erkennen, dass das ökologische System dieser

Erde Belastbarkeitsgrenzen hat, die zu überschreiten wir dabei sind.

Nachdem der Tod durch natürliche Ursachen und Feinde immer weniger relevant war, erwuchs durchzunehmende Siedlungsdichte und den daraus entstehenden Interessenkonflikten im Menschen selbst ein Feind, der immer wieder zur Bevölkerungsdezimierung beitrug. Über lange Zeiträume trug der Mensch zur Begrenzung des Bevölkerungswachstums auch durch Selbstdezimierung bei.

Die von Kriegen überzogenen Gebiete wurden verheert, das heißt sie wurden von den Heeren leer gefressen, die Bewohner umgebracht oder sie starben an Seuchen, die den Verheerungen folgten. Oft war das Ziel die Landgewinnung für eigene Siedlungsziele und dabei waren die ursprünglichen Bewohner im Wege. Dem fielen beispielsweise im 19. Jahrhundert die Indianer Amerikas zum Opfer.

Aber auch Deutschland - mitten in Europa und vielleicht sogar deshalb - wurde im 17. Jahrhundert in dem von 1618 bis 1648 andauernden dreißigjährigen Krieg1 mit Jahrhunderte lang nachwirkenden Folgen verheert. Schätzungsweise 50% der ländlichen und 33% der städtischen Bevölkerung sind dem Krieg und den Seuchen zum Opfer gefallen. Frankfurt am Main weist beispielsweise 1618 2470 Steuerzahler auf, 1629 2140 und 1648 1450. Die Einwohnerschaft der Reichsstadt Dortmund geht von etwa 6500 auf 2000 Personen zurück. In Schlesien wird der Gesamtverlust auf

---

[1] Tatsächlich handelte es sich um mehrere aufeinander folgende Kriege. Dreißigjährige Kriege, wie sich die Kriege von 1618 bis 1648 in Deutschland in das deutsche Unterbewusstsein eingegraben haben, sind ja längst keine Seltenheit mehr. Man denke nur an die Kolonialkriege in Indochina, Laos, Algerien, Afghanistan usw.

200000 Menschen geschätzt. Schwer betroffen ist die unmittelbare Umgebung Magdeburgs mit einem Verlust von 56%. Das Hzgt. Württemberg zählt vor dem Krieg 450000 Einwohner, 1639 nur noch 100000. 2 Es ging in diesen Kriegen um Machtfragen, aber auch um religiöse Dominanzansprüche. Die Entvölkerung war dabei kein Kriegsziel aber die schreckliche Folge.

Im 20. Jahrhundert verfolgten die deutschen Nationalsozialisten Ziele der Entvölkerung in Osteuropa, die nur wegen des Kriegsausgangs nicht ausgeführt wurden. So sollte der angeblich dringend benötigte Lebensraum für das deutsche Volk gewonnen werden.das deutsche Volk lebt auf kriegsfolgenbedingt kleinerem Gebiet noch immer und wie es scheint, besser denn je!

Die aus deren Rassenideologie resultierende Absicht der Nationalsozialisten, jedes jüdische Leben auszutilgen, konnte jedoch leider in Europa fast vollständig realisiert werden. Es ist das folgenreichste Beispiel dafür, zu welchen Handlungen Menschen gegen die eigene Art bewegt werden können, wenn ihre formbaren Gehirne mit abstrusen Ideologien gefüttert werden. Und das ist bis heute so geblieben, nur findet derartiges zurzeit in den anderen Weltregionen statt.

Die Spezies Mensch verfügt heute waffentechnisch über die Mittel, um auf einen Schlag wesentliche Teile der Weltbevölkerung zu vernichten. Nur der Umstand, dass eine eigene Beeinträchtigung ebenfalls zu erwarten wäre, dürfte den Einsatz dieser Waffen bisher verhindert haben. Aber diese Waffen sind da und werden einsatzbereit gehalten - ein Suizid scheint also einkalkuliert zu sein. Und es wird

---

2 aus: Deutsche Geschichte in Daten, Berlin, 1969, S. 251

immer ein rationales Verhalten der Entscheidungsträger vorausgesetzt, welches vor deren Einsatz schützen soll - Menschen verhalten sich aber nicht immer rational, beispielsweise weil sie geisteskrank sind, nicht immer auf den ersten Blick erkennbar, wie die Beispiele von Psychopathen wie Hitler oder Stalin zeigten. Typen dieser Art treten in der Weltpolitik immer wieder in Erscheinung. Also liegt auch eine Reduzierung der Weltbevölkerung durch den Einsatz atomarer Waffen durchaus im Bereich des Möglichen. Der Nachweis, dass die Entwicklung eines kollektiven Verantwortungsbewusstseins nicht mit der Entwicklung der technisch-wissenschaftlichen Fähigkeiten Schritt gehalten hat, wäre dann erbracht.

Trotz aller Dezimierung ist in unserer Zeit die Weltbevölkerung in einem derartigen Ausmaß angewachsen (zurzeit 6,6 Milliarden mit der Perspektive, dass es in 50 Jahren bereits sogar 9 bis 10 Milliarden sein werden), dass die zerstörerischen Auswirkungen auf das in der Evolution austarierte Ökosystem inzwischen unübersehbar sind.

Wenn wir also den Weg der Selbsteliminierung vernünftigerweise ausschließen wollen, dann sollten wir schnellstmöglich nach friedlichen Wegen suchen, das Bevölkerungswachstum zu beenden.

Wie dramatisch das Anwachsen der Weltbevölkerung ist, zeigen folgende Zahlen:

Gemessen an meiner eigenen Lebenszeit von über 70 Jah-

vor	10.000	Jahren	bis	10	Millionen
vor	2000	Jahren		300	Millionen
vor	1000	Jahren		350	Millionen
vor	500	Jahren		500	Millionen
vor	200	Jahren		1	Milliarde
vor	80	Jahren		2	Milliarden
vor	40	Jahren		3	Milliarden
vor	30	Jahren		4	Milliarden
vor	20	Jahren		5	Milliarden
vor	8	Jahren		6	Milliarden
2008	Heute			6,6 - 7	Milliarden

ren, bedeutet dies, dass sich seit meiner Geburt die Weltbevölkerung bereits verdreifacht hat. Das klingt unglaublich,
ist aber leider wahr.

Dieses völlig ausufernde Wachstum der Weltbevölkerung
hat das von der Evolution geschaffene austarierte System
des Lebens auf dieser Erde an den Rand des Zusammenbruchs gebracht. Die Menschheit überzieht unseren Planeten Erde wie ein erstickendes Schimmelgeflecht, welches
die darunter befindlichen Lebensstrukturen abtötet.

Akzeptiert man, dass die Zahl der Menschen die austarierten Ökosysteme derart beeinträchtigt, dass sie den sich in
der Evolution darstellenden Schöpfungsprozess des Lebens auf dieser Erde ernsthaft gefährdet, dann kann die
Konsequenz nur darin bestehen, aller Wachstumsgläubig-
keit schnellstmöglich abzuschwören!

Ja, es ist zu sogar notwendig, über eine geordnete Reduzierung der Bevölkerungszahl nachzudenken.

Wird dieses unterlassen, dann braucht man sich auch nicht über Klimaschutzziele und Ähnliches zu unterhalten. Es wird vielmehr zu immer größer werdenden Konflikten über die Verteilung von Ressourcen jeder Art kommen, die letztendlich zum Einsatz der verheerenden Waffenpotenziale führen können.

Auch hieran wird deutlich, dass die politische Organisation der gesamten Welt unzureichend ist, weil es an mit entsprechenden Machtmitteln ausgestatteten Entscheidungsträgern fehlt, die gemeinsam formulierte Zielsetzungen auch durchsetzen könnten. Vor allem hieran müsste gearbeitet werden, wenn der Menschheit Zukunftschancen eröffnet werden sollen.

3. Die Folgen der menschlichen Einwirkung

Das Klima beginnt sich durch zunehmende Erwärmung zu verändern, Dürre- und Unwetterphasen nehmen an Häufigkeit und Heftigkeit zu. Die verursachten Schäden wachsen an. Kosten und Mühen, dem entgegenzuwirken, steigen an; was wiederum zum Ressourcenverbrauch und dann zur Umweltveränderung führt.

Und die Aufwendungen für die Milderung von Umweltschäden werden auch noch bejubelt, weil sie weitere Gewinnmöglichkeiten und Arbeitsplätze für noch mehr Menschen schaffen. Anstelle der Ursachen werden nur die Folgen bekämpft! Dies signalisiert entweder verqueres Denken oder aber Hilflosigkeit.

Es wird nur herum geflickt, ohne die Grundursachen zu beseitigen. Wir sind einfach viel zu viele auf dieser Erde und wir denken und handeln falsch.

Wir rotten uns zusammen und bilden große Menschenklumpen in Städten; inzwischen soll bereits ein Anteil von über 50% der Menschen in Städten leben, von denen die Städte oder Siedlungszonen mit mehr als 10 Millionen Einwohnern ständig zunehmen - teilweise ist die Bevölkerungszahl dieser Megastädte nicht einmal bekannt. Frühere deutsche Großstädte wie Berlin, Hamburg, München sind im Weltmaßstab noch allenfalls als Städte mittlerer Größenordnung einzuordnen. Das ist nicht bedauerlich; denn das Leben in ihnen ist weitaus angenehmer als in den zumeist von Slums durchsetzten Megastädten.

Wie schon gesagt, das Gebot hieße also nicht nur, das Bevölkerungswachstum zu begrenzen, sondern vielmehr die Bevölkerungszahl zu reduzieren, indem die Geburtenzahl unter das Regenerationsniveau gedrückt wird.

Das wäre der entscheidende Beitrag zur Zukunftssicherung unserer Art. Man muss sich immer wieder klarmachen, dass eine direkte Abhängigkeit zwischen Bevölkerungszahl und Umweltverbrauch und folglich auch Umweltschädigung besteht. Wächst die Bevölkerungszahl, dann wachsen auch Umweltverbrauch und -schädigung.

Es besteht weitgehende Übereinstimmung darin, dass bei der gegebenen Bevölkerungszahl von 6,6 bis 7 Milliarden die Umweltbelastung bereits so groß ist, dass Klima verändernde Folgen bereits eingetreten sind und in verstärktem Maße prognostiziert werden können. Jedes weitere Wachstum wird die Umweltbelastung vergrößern.

3.1 Ein Hauptproblem ist unsere untaugliche Weltwirtschaftsordnung.

In der heutigen kapitalorientierten Wirtschaftsordnung wird das ursprüngliche Ziel, die Mittel zur Bedürfnisbefriedigung der Menschen bereitzustellen, überlagert von dem Ziel der Kapitalvermehrung. Es ist dabei völlig unerheblich, ob sinnvolle oder unsinnige Leistungen oder Produkte erbracht oder erzeugt werden - Hauptsache die Kapitalgeber können eine möglichst hohe Rendite erzielen. Die Anhäufung und Vermehrung von Kapital sind zur zentralen Sinnordnung des Wirtschaftens geworden. Und das Unsinnigste vom Unsinnigen ist, das Kapital als sich selbst reproduzierende Ware angesehen wird - man muss es nur entsprechen spekulativ auf den Finanzmärkten einsetzen. Dort vermehrt es

sich dann, wenn man Glück hat, oder es verringert sich
oder verschwindet sogar auf wundersame Weise, wenn die
Mitspekulanten andere Prioritäten setzen. Das Börsengeschehen ist nur zum Teil an reale Gegebenheiten gebunden, zu einem wesentlichen Teil aber bestimmt von den
Fantasien der Kapitalgeber. Und auch von deren Manipulationen. Sind die Kapitalmengen genügend groß, über die
Spekulanten verfügen, dann können sie auch durch deren
gezielten Einsatz das Börsengeschehen in ihrem Sinne
beeinflussen. Nehmen diese an, dass irgendwo Geld zu
vermehren ist, folgen sie derartigen Lockrufen wie die
Lemminge und treiben damit Kurse In die Höhe oder bei
entgegengesetztem Trend in die Tiefe
 Und die Kapitalmengen müssen nicht einmal den Spekulanten selbst gehören. In der Finanzwelt wird überwiegend
mit dem von anderen angelegten Kapital gearbeitet.

Man könnte dieses von Gier bestimmte Verhalten mit einem
Achselzucken übergehen, wenn es nicht so gravierende
Auswirkungen auf die Lebenssituation eines Großteils der
Weltbevölkerung haben würde. Die derzeitige Weltfinanz-
krise zeigt dieses auf exemplarische Weise.

Wenn es um die in den apokalyptischen Reitern symboli-
sierten Vernichtungskräfte geht, dann hat sich zu Gewalt,
Krieg, Hunger und Seuchen der ausschließlich profitorien-
tierte Kapitalismus gesellt.

Es ist zwar selbstverständlich, dass ein Unternehmen kos-
tendeckend produzieren muss, wozu auch eine angemes-
sene Verzinsung des eingesetzten Kapitals gehört. Aber
muss auch jeder am Markt erzielbare Preis gefordert werden? Und muss jedes am Markt absetzbare Produkt mate-
rieller oder immaterieller Art auch angeboten werden, ob-

wohl es Ressourcen verschwendet und immer auch die Umwelt belastet?

Wenn es richtig ist, was über den Zustand unserer Erde und die prognostizierbaren Entwicklungen ausgesagt wird, dann ist dieses absolut zu verneinen. Wir sind nicht mehr in der Situation, uns allen Luxus, alle Bequemlichkeiten und jedes Vergnügen leisten zu können.

Müssen wir denn beispielsweise in die entferntesten Winkel der Erde fliegen, nur um dort baden zu gehen, auf die Berge zu steigen, oder in rasantem Tempo von Sehenswürdigkeit zu Sehenswürdigkeit zu eilen, nur um am Ende eine allenfalls schwache Kenntnis der gesamten Realität der besuchten Region gewonnen zu haben?

Nein, nicht wirklich, aber es ist zugegebener Weise sehr reizvoll. Aber dieses wollen deshalb auch immer mehr Menschen erleben und um ihnen das zu bieten, wachsen die daran beteiligten Wirtschaftszweige wie Reiseunternehmen, Fluggesellschaften, Hotellerie, um nur einige zu nennen. Und mit ihnen wachsen Ressourcenverbrauch und Umweltzerstörung ins Unermessliche.

Und um es zum wiederholten Male zu sagen, wenn wir unserer Art auch für die Zukunft eine Chance bieten wollen, müssten wir entschlossen umsteuern.

Das betrifft einerseits den Ressourcenverbrauch; das Wirtschaften bedarf dazu einer völlig anderen Zielorientierung und die ist mit dem bestehenden kapitalorientierten System nicht erreichbar.

Das betrifft – wie ausgeführt - andererseits die Gesamtzahl der Menschen auf diesem Planeten; statt Zunahme sollte

Bevölkerungsabnahme das Ziel sein. Dabei korrelieren beide Aspekte: je höher der Ressourcenverbrauch pro Mensch, desto weniger Menschen sind für die Erde erträglich.

Noch haben wir die Wahl: entweder wir ergreifen die notwendigen Maßnahmen selbst oder wir werden zum Spielball der natürlichen Kräfte. Es wird gesagt, "die bisherigen Aktivitäten seien mit dem Umdekorieren der Deckstühle auf der sinkenden Titanic zu vergleichen", also an Sinnlosigkeit nicht zu überbieten.

Auch wenn man dieses Urteil nicht völlig übernehmen will, bleibt festzustellen, dass alles Beschlossene - von dessen Realisierung völlig abzusehen - keine Umsteuerung darstellt und völlig unzureichend ist.
Starke Interessengruppen - wie zum Beispiel in Deutschland die Automobilindustrie - brauchen nur zu hüsteln und schon sind der Politik Vorgaben wie beispielsweise für den zulässigen Kraftstoffverbrauch der Motoren nicht mehr so wichtig.

Kränkeln die bestehenden Systeme wie derzeit durch die weltweite Finanz-und Wirtschaftskrise, so werden riesige am Geldmarkt geliehene Summen von den Regierungen zur Erhaltung und Restaurierung eingesetzt, die künftig von den steuerpflichtigen Staatsbürgern aufgebracht werden müssen einschließlich der Zinsen, die von den Kreditgebern erhoben werden.
So muss die große Gemeinschaft der heutigen aber auch der künftigen Steuerzahler für die Gier der Kapitalbesitzer und die Unfähigkeit der Regierenden, dem Einhalt zu gebieten, einstehen.

Es ist erstaunlich, mit welcher Ergebenheit – zumindest in Deutschland – die Menschen bisher diesen Missbrauch von wirtschaftlicher und politischer Macht hinnehmen.

3.2 **Die Probleme der Politik**

Wer nicht selbst aus der Sonnenenergie seine für die Lebensprozesse erforderliche Energie reproduzieren kann, wie es die Flora über den Weg der Fotosynthese tut, der ist gezwungen, sie durch den Verzehr anderer Lebensformen pflanzlicher oder tierische Art zu gewinnen. Das "Beute machen" ist also lebensnotwendig für alle nichtpflanzlichen Lebensformen. Der Mensch ist davon nicht ausgenommen. Er muss Beute machen. Es ist eine Überlebensfrage.

Doch anders als andere Tiere hat er gelernt, sich zum Teil seine Beutepflanzen und Beutetiere selbst zu ziehen, und sich damit von den Zufälligkeiten des Sammel- oder Jagderfolges unabhängig zu machen. Er hat sich Vorräte angelegt, welche die Existenzgrundlage über den Tag hinaus sichern.

Vorräte können auch anderen nützlich sein, wenn diese sie in ihren Besitz bringen, also eintauschen oder stehlen. Doch Vorräte sind sperrig, verderblich und bedürfen der Pflege und sind somit für den Austausch von Waren und Dienstleistungen oder als Diebesgut nur begrenzt geeignet.

Es bedurfte also Substituten wie Gold, Geld, Edelsteinen etc., um die Sache richtig in Gang zu bringen. Damit konnten hohe Warenwerte beliebiger Art auf kleinem Raum auf unbegrenzte Zeit gelagert werden. Das Anlegen von Vorräten in Form von Substituten hob jegliche Begrenzungen auf. Und es stand nicht darauf "dies ist ein Sack Korn" oder "dieses ist eine Kuh", sondern ungeschrieben "was immer dein Herz begehrt".

Die Substitute lösten sich von der Ware, sie wurden zum Kapital.

Damit verschob sich aber auch das ursprüngliche Ziel der Bevorratung vom Lebensnotwendigen wie essbaren Pflanzen und jagdbaren Tieren auf die Substitute - also letztendlich auf das Kapital. Dessen Vermehrung wurde zum instinktiven Ziel menschlichen Handelns. Kapital zu haben, verringert die Lebensrisiken; also je mehr Kapital verfügbar ist, umso gesicherter ist das Leben. Das "Beute machen" ersatzweise das "Gewinnen von Kapital" ist also eine instinktive Antriebskraft, die der Lebenserhaltung dient.

Die Frage ist aber, ob diese natürliche Antriebskraft nicht inzwischen pervertiert ist. Das betrifft zum einen die Äquivalenz beim Austausch von Waren und Dienstleistungen, zum anderen aber auch den Sinn von Kapitaleinsätzen. Unsere kapitalorientierte Weltwirtschaftsordnung zielt darauf ab, für eingesetztes Kapital möglichst sehr viel mehr zurückzubekommen als eingesetzt worden ist. Und darum kümmert sich ein ganz spezieller Wirtschaftszweig, nämlich die Banken, deren einzige Existenzgrundlage in der Verwaltung und Vermehrung von Kapital besteht.

Einer realen Wirklichkeit oder Wertigkeit von Waren und/oder Dienstleistungen steht ein erzielter Wert gegenüber. Die Differenz muss irgendwer einbringen. Also muss im Ergebnis ein Teil der Menschheit dem anderen Teil Kapital für nicht erbrachte Leistungen erbringen. Es findet eine Kapitalkumulierung bei den einen zu Lasten der anderen statt. Bereicherung einerseits und Entreicherung bis zur Verarmung andererseits sind die logische Folge.

Die Verfügungsgewalt über Kapital bedeutet Macht. Wer nach eigenem Gutdünken große Kapitalmengen weltweit einsetzen kann, der kann damit auch erpressen - insbesondere auch nationale Regierungen -, weil diesen Sanktionsmöglichkeiten gegenüber weltweit operierenden Kapitalinhabern nicht gegeben sind. Nur weltumfassende politische Machtstrukturen könnten der Kapitalmacht entgegen-treten und einen Wandel in der Kapitalorientierung der Weltwirtschaftsordnung herbeiführen.

Doch davon kann überhaupt keine Rede sein. Regierungen fühlen sich vielmehr verpflichtet, der kapitalorientierten Wirtschaft die besten Rahmenbedingungen für weiteres Wirtschaftswachstum zu garantieren. Und geraten Teile davon, wie beispielsweise zurzeit die Banken oder die Automobilwirtschaft (ob selbstverschuldet oder schuldlos) in Schwierigkeiten, dann setzen diese Regierungen Milliardenbeträge zu deren Sanierung ein. Dafür müssen dann alle Steuerzahler aufkommen - zumeist diejenigen, die bei der Verteilung des Volkseinkommens stets hintan gestellt werden. Es bleibt abzuwarten, wie diese reagieren werden, wenn sie die Hintergründe dieser Vorgehensweise realisieren.

Womit wir bei einem weiteren Problem unserer Weltwirtschaftsordnung wären. Sie kann nur bei Wachstum bestehen; so jedenfalls lautet die Annahme der überwiegenden Zahl der Wirtschaftswissenschaftler und in deren Folge der Politiker. Ohne Wachstum - so die Annahme - würde die Weltwirtschaftsordnung mit Katastrophen wie Hungersnöten, Kriegen usw. zusammenbrechen.

Kritiker - insbesondere aus dem Umfeld des "Club of Rome" halten dem schon seit Jahrzehnten entgegen, dass unendliches Wachstum bei endlichen Ressourcen logisch gar nicht denkbar sei und das Überschreiten gegebener Grenzen ebenfalls katastrophale Folgen haben wird. Wir hätten eben nur diese eine Erde mit ihren begrenzten Ressourcen zur Verfügung.3

Zu ergänzen wäre, dass auch nur ein einziges Evolutionsmodell in unserem Existenzraum existiert und dessen Gefährdung auch unsere Existenzgrundlage bedroht.

Da die schon eingetretenen Entwicklungen - dafür stehen exemplarisch die Klimaveränderungen - zeigen, dass die Einschätzungen der Wachstumsgegner zutreffen, wäre es doch wohl höchste Zeit, sich von der Wachstum orientierten Ideologie zu trennen.
Mit einer die Zukunft der Menschheit sichernden Politik hat das derzeitige weltweite Regierungshandeln folglich nichts zu tun.

Nun ist allerdings auch keine Regierung in der Lage, auf nationaler Ebene ein wirksames Umsteuern durchzusetzen

---

[3] Ein gleich bleibendes prozentuales Wachstum, das nicht auf der Basis eines einzigen Ausgangsjahres sondern des jeweiligen Vorjahres berechnet wird, führt zu einer exponentiellen Kurve. Das bedeutet, dass bei einem Wachstum von 4% ausgehend von 100 nach 18 Perioden (gleich Jahren) bereits ungefähr 200, nach 50 Perioden bereits ungefähr 800 und nach 75 Perioden ungefähr 1600 erreicht wären. Nach 75 Jahren müsse also die Wirtschaft um das 16 fache gestiegen sein. Welch ein Unsinn!
Tatsächlich steigt das B. I. P. (inflationsbereinigtes Bruttoinlandsprodukt) in Deutschland schon lange nur linear an, das heißt dass sich 100 in 75 Perioden auf 600, also das sechsfacher erhöhen würde. Aber auch das ist von der Umwelt nicht verkraftbar.

- noch hätte dieses weltweite Veränderungen zur Folge. Es bedürfte vielmehr eines koordinierten Vorgehens aller Regierungen.

Hier nun darf spekuliert werden, ob die Menschheit dazu in der Lage ist.

Nehmen wir als Anschauungsbeispiel wieder die Urlaubsreisen. Sie sind - objektiv gesehen - überflüssig und nur dem vergleichsweise kleinen Teil der Weltbevölkerung möglich, der über die dazu erforderlichen Geldmittel verfügt.

Sie sind aber zu einem gewichtigen Wirtschaftsfaktor geworden, weil sie hunderten von Millionen der Menschen Arbeit und Gewinn verschaffen. Sehr viele Wirtschaftszweige profitieren davon und zwar nicht nur unmittelbar die Beherbergungsstätten und die Gastronomie, sondern auch die Hersteller und die Betreiber von Verkehrsmitteln, die Versorger mit Energie, Nahrungsmitteln und, und...

Regulierende Eingriffe in diesen Wirtschaftsbereich würde eine Vielzahl von Interessen tangieren, nicht zuletzt auch die der Reiselustigen selbst. Wenn auch der weltweite Massentourismus erst eine wenige Jahrzehnte alte Erscheinung ist, so gehört er heute dennoch zum Lebensstil und gilt damit vielen als unverzichtbar. Welche Regierung, die sich das Wohlwollen ihrer Bürger erhalten will, würde er es also wagen, hier einzugreifen?

Und so ließen sich viele andere Bereiche benennen, bei denen es die Regierenden nicht wagen, umzusteuern. Die Politiker können nur dort handeln, wo die Mehrheit der Bürger die Ziele versteht. Aber die verzweifelte Lage, in die wir immer mehr geraten, ist den meisten noch nicht bewusst.

Doch an einigen Fragen kommen wir alle nicht vorbei!

Dazu ist zunächst noch einmal festzuhalten: bei einer gegebenen Bevölkerungszahl von 6,6 bis 7 Milliarden Menschen und dem Stand des derzeitigen Ressourcenverbrauchs sind Schädigungen des Weltökosystems bereits sichtlich eingetreten und werden sich verstärkt fortsetzen.

Das heißt, dass Belastbarkeitsgrenzen bereits überschritten wurden. Das wird Folgen haben. Über das wann, wie und den Umfang besteht keine Klarheit. Logischerweise müssten wir also die Belastung des Weltökosystems als unserer natürlichen Lebensbasis soweit zurückführen, als die nicht definierte und vielleicht - mit unserem heutigen Kenntnisstand - nicht definierbare Belastungsgrenze wieder unterschritten wird.

Reichen dazu aber die zwar beschlossenen aber noch bei weitem nicht realisierten Zielvorgaben über Belastungsreduzierungen aus? Und sind sie bei der prognostizierten erneuten Verdoppelung der Weltbevölkerung innerhalb weniger Jahrzehnte überhaupt machbar?

Beide Fragen sind mit Nein zu beantworten; denn an den Wachstumsideologien für Ökonomie und Bevölkerung wird festgehalten.[4]

---

[4] Ressourcen würden immer schneller verbraucht. "Wir übersteigen mit unserem Konsum die vorhandenen Möglichkeiten um ein Drittel", warnte WWF-Naturschutzdirektor Christoph Heinrich. Wenn der Verbrauch an natürlichen Ressourcen so weiter gehe, würden bereits im Jahr 2035 theoretisch zwei Planeten benötigt, um den weltweiten Bedarf an Nahrung, Energie und Fläche zu decken. Der Report 2006 hatte dafür noch

Und diese sind die Treibsätze für den Raketenflug in den Untergang.

4. Ist das Ende der menschlichen Zivilisation unausweichlich?

Auch wenn der Untergang angesichts der Faktenlage abzuleiten wäre, würde ein derartiger Schluss nicht den Anpassungsfähigkeiten gerecht werden, welche die Spezies Mensch im Rahmen der Evolution erworben hat.

Allein, dass wir über unsere Situation nachdenken können, sollte uns Hoffnung geben, das noch Auswege gefunden werden können, auch wenn tief gehende Eingriffe zur Kontrolle der Bevölkerungszahl und zur Verwendung der immer knapper werdenden Ressourcen bisher nur in Ansätzen erkennbar sind.

Doch um weltweit koordiniert zu einer Lageeinschätzung zu kommen, daraus Handlungsziele zu formulieren und diese dann auch noch umzusetzen, fehlt es - und dies sei hier zum wiederholten Male gesagt - bisher an den erforderlichen weltumfassenden Machtstrukturen.

Man kann dieses sehr gut an den verzweifelten Bemühungen erkennen, den Ausstoß von CO^2-Gasen in die Atmosphäre zu reduzieren. Es scheint nicht einmal möglich zu

---

eine Frist bis 2050 errechnet. Der WWF fordert deshalb dringend weltweite und nachhaltige Maßnahmenpakete für Nachhaltigkeit.
Siehe dazu: Living Planet Report 2008

sein, dazu gemeinsam getragene Zielvorgaben zu formulieren, weil die nationalstaatlichen Egoismen entgegenstehen. Selbst wenn das trotzdem wenigstens ansatzweise gelingen sollte, ist dabei der Faktor Bevölkerungswachstum nicht berücksichtigt.

4.1 In einer globalisierten Welt ist eine globalisierte Politik erforderlich.

Dazu müssen wir uns die Wirkzusammenhänge verdeutlichen. Dazu ist das Modell der kommunizierenden Röhren gut geeignet. In diesen sucht z.B. eine Flüssigkeit nach Ausgleich bis sie in allen Röhren gleich hoch steht.

Vor der Globalisierung wurde der internationale Ausgleich dadurch verhindert, dass Schikanen oder Stöpsel den Ausgleich behinderten. Dazu gibt es eine Vielzahl von Instrumenten wie Einfuhrverbote, Einfuhrzölle, Vergabebeschränkungen für Aufträge, Verbote für Technologie-Transfers, Subventionen für eigene Produkte und so weiter.

Modell Kommunizierenden Röhren

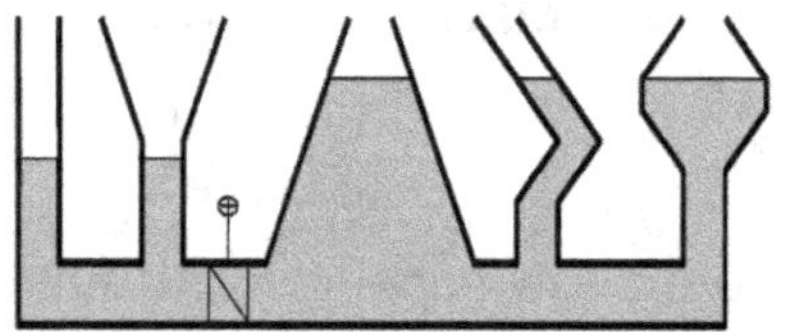

Im Prozess der Globalisierung wurden in einer Vielzahl von Abkommen auf internationaler Ebene die Behinderungen, die den Fluss von Kapital, Waren und Dienstleistungen verhindern oder begrenzen, abgebaut oder zumindest reduziert.

Das betrifft aber durchaus nicht alle Lebensbereiche. Für die wirtschaftlichen Aktivitäten gilt die Globalisierung, nicht aber für die Wanderung der Menschen, obwohl auch diese danach streben, die für sie günstigsten Lebensumstände zu suchen.

Die Globalisierung besteht daher bisher nur für Teilbereiche der menschlichen Welt. Dies führt zu Verwerfungen mit hohem Konfliktpotenzial.

Hinzukommt, dass der Ausgleich stets neu gefunden werden muss, weil immer Störfaktoren wirksam sind.

So ist der Preis für Arbeitskräfte von deren Zahl im Verhältnis zu den Arbeitsplätzen abhängig. Sinkt die Zahl der Arbeitskräfte, wird der Preis steigen. Er kann aber nicht steigen, wenn immer weitere Arbeitskräfte ihre Arbeitskraft anbieten, wie es bei wachsender Bevölkerungszahl der Fall ist.

In vielen Ländern der Welt ist der größere Bevölkerungsanteil jünger als 30 Jahre und dieser Anteil ist im erheblichen Umfang arbeitslos und bereit für wenig Einkommen zu arbeiten.

Die Arbeitsplätze wandern dorthin, wo die Arbeitskräfte billig sind. Sicher sind auch andere Standortfaktoren wie Ausbildungsstand der Menschen, Klima, Transportwege usw. für Unternehmensentscheidungen wichtig. Im Grundtrend gilt aber diese Aussage. Die Länder mit höheren Kosten für die Arbeitskräfte werden deshalb auf Dauer die Verlierer sein und mit sinkendem Lebensstandard dafür bezahlen müssen.

Die politischen Verwerfungen die daraus entstehen, deuten sich in Deutschland bereits an.

Als erste bezahlte hier dafür die SPD, die ihre Modelle „stetig steigenden Wohlstands für alle" nicht mehr glaubhaft vertreten kann und - wie alle anderen Parteien - keine Rezepte für die tatsächlichen Herausforderungen hat. Ihre Umfragewerte befinden sich im Sturzflug.

Die Umfragewerte der CDU/CSU beginnen ebenfalls zu bröckeln - etwas weniger als bei der SPD, weil ihre Wählerschaft mehr bei den wohlhabenderen Bürgern zu suchen ist, die die Auswirkungen der Globalisierung noch nicht so unmittelbar zu spüren bekommen.

Stattdessen steigt die Zustimmung für die Partei, die allen eine goldene Zukunft verspricht - wahrscheinlich wohl wissend, dass sie die Wähler belügt.

Noch mehr steigt aber seltsamerweise die Zustimmung für die FDP, die genau die Wirtschaftsvorstellungen vertritt, welche in die Finanzkrise geführt haben. Allerdings sollte man das auch nicht überbewerten; denn eine Steigerung um wenige Prozent erscheint bei einer kleinen Partei viel mehr zu sein, als es tatsächlich ist.

Das Denken in nationalen Dimensionen verstellt den Blick für die wachsende Gefahr, die aus den internationalen Verwerfungen entsteht. In Deutschland scheint hier in politischer und auch medialer Berichterstattung eine erhebliche Verengung zu bestehen. Den Bürgern werden damit auch nicht die HandlungsGrenzen der Politiker deutlich. Alle negativen Entwicklungen werden deshalb der nationalen Politik aufgebürdet.

Doch zurück zu den Problemen der globalen Wanderungsbewegungen:

Die Verhinderung globaler Wanderungsbewegungen durch Abschottung der wohlhabenden Staaten gegenüber den armen Staaten entspricht zwar der egozentrischen Denkweise, die sich in der Menschheitsgeschichte scheinbar bewährt hat. Sie führt aber zu einer wachsenden Frustration bei den betroffenen Menschen in den armen Staaten, die sich letztlich in Aggressionen entlädt. Aggressionen, die sich mangels militärischer Stärke in terroristischen Aktivitäten manifestieren und die in der Zukunft sowohl in ihrer Intensität als auch in ihren Auswirkungen an wachsen werden.

Noch sind sie für den Bestand der wohlhabenden Staaten nicht wirklich gefährlich. Aber der wachsende Aufwand für die Bekämpfung und die voranschreitende Beschneidung demokratischer Freiheitsrechte ändern auch die Lebensbedingungen in den wohlhabenden Staaten. Sie sind Warnzeichen dafür, dass deren Weg leicht zu hochgerüsteten Militär- und Polizeistaaten führen kann, in denen die Freiheitsrechte des einzelnen nur noch auf dem Papier stehen.

Andererseits würde das Zulassen unbegrenzter Wanderungsfreiheit ebenfalls zur Destabilisierung der Staaten mit der Gefahr eines chaotischen Zusammenbruchs führen. Auch das wäre also kein ausführbarer Weg.

4.2 Der Weg

Der Wegkann also nur darin bestehen, **auf der ganzen Welt** Lebensbedingungen zu schaffen, welche den Menschen ein Überleben ohne Not sichern.

Bei weltweit begrenzt zur Verfügung stehenden Ressourcen und unter dem Zwang der Rückführung des Ressourcenverbrauchs kann das nach dem Prinzip der kommunizierenden Röhren nur dann gelingen, wenn die einen zu Gunsten der anderen verzichten.

Für die Weltpolitik bestehen damit schon fünf Handlungsziele:

- Verhinderung des Bevölkerungswachstums und möglichst auch das Erreichen eines Absinkens der Bevölkerungszahlen.

- Radikale Reduzierung des Ressourcenverbrauchs und weitestgehendes Recyceln von Rohstoffen.

- Weitere Erschließung neuer Energiequellen.

- Abbau der Schadstoffemissionen.

- weltweiter Ausgleich der menschlichen Lebensbedingungen.

Das alles sind Themen und Ziele, die sich weder im nationalen noch kontinentalen Rahmen behandeln lassen. Es bedarf dazu einer entschlossenen internationalen Zusammenarbeit, aber auch eines weltweit wirksamen Machtapparates zur Durchsetzung der Zielvorgaben.

Dabei genügt es nicht, sich auf die Erreichung von einzelnen Zielen zu beschränken. Was nützen schon Vereinbarungen über die Reduzierung von Schadstoffemissionen, wenn gleichzeitig die Weltbevölkerung dabei ist, sich in wenigen Jahrzehnten um weitere 50% zu vermehren. Weitere drei bis 4 Milliarden Menschen wollen dann essen,

trinken, mit Nahrung und Energie versorgt werden, was nicht ohne zusätzlichen Ressourcenverbrauch und weitere Umweltbelastung zu machen ist.
Und wie sollen gute Lebensbedingungen für alle Menschen erreicht werden, wenn die Bereitstellung der dazu erforderlichen Mittel durch den stetigen Zuwachs an Menschen immer größere Dimensionen erreicht. Das wäre wie der Versuch, ein Sieb mit Wasser zu füllen.

Die Menschheit benötigt also einen geistigen Überbau, unter dem sich alle einordnen können, und eine Organisationsform mit entsprechender Machtausstattung, die den nationalen Strukturen übergeordnet ist.

Ich weiß, dies ist heute noch eine Utopie. Aber ohne diese zu realisieren, wird die Menschheit ihre Probleme nicht bewältigen können!

5.   Der Status Quo und die Aussichten

Wie gesagt: der Mensch ist - wie jedes natürliche Lebewesen - Bestandteil der Natur und damit ebenfalls deren Regeln unterworfen.

Er wird schon im Rahmen der Evolution den gleichen Prüfungen unterworfen wie jedes andere Lebewesen. Nur, wenn er sich - gemessen an den Regeln der Evolution - bewährt, wird er sich weiterentwickeln können und als Art überleben.

Betrachtet man die auf Seite 10 genannten Merkmale der Schöpfung und damit auch der Evolution, so wird man in heutiger Zeit zu folgenden Ergebnissen kommen:

1.   Der Mensch verursacht in seinem Lebensbereich die Ausbildung von immer komplexeren Systemen in immer neuen Versuchen.

Das gilt für das natürliche Leben ebenso wie für das gesellschaftliche Leben aber insbesondere für die Gebiete der Wissenschaft und der Technik. Besonders atemberaubend ist dabei die zunehmende Erkenntnisgeschwindigkeit im naturwissenschaftlich-technischen Bereich.

Weniger schnell entwickelt sich die Ausbildung komplexerer Systeme im gesellschaftlichen Bereich, dem Hauptbetätigungsfeld der Politik. Hier herrschen immer noch archaisch anmutende Denkmuster vor. Insbesondere die anhaltenden Vorstellungen über Macht und Bedrohung, der Wahrung von Vorteilen gegenüber Konkurrenten, der Durchsetzung von weltanschaulichen und/oder religiösen Modellen bestimmen das politische Handeln der Nationen und Staaten.

Darüber entstehende Konflikte werden wie eh und je oft mit Kriegen ausgetragen. Kriege, welche die Beteiligten erschöpfen und in ihrer Entwicklung zurückwerfen.5

Sie stehen der von der Evolution geforderten Ausbildung komplexerer politischer Systeme im Wege. Hier befinden wir uns noch auf einer Entwicklungsstufe, die den Anforderungen unserer Zeit nicht entspricht.

2. Dessen ungeachtet kommt es im wissenschaftlich-technischen Bereich, im wirtschaftlichen Handeln aber auch im politischen Zusammenwirken zu auch weltweiter Arbeitsteilung.

Die Staaten dieser Welt können ohne die anderen Staaten nicht mehr ihre Existenz sichern und sind auf die Arbeitsteilung angewiesen. Aber diese Kräfte- und energieschonende Arbeitsteilung kommt wegen eines fehlenden geistigen Modells nur unvollkommen zu Stande.

Die kapitalistischen Ziele der Gewinnmaximierung und der Kapitalkumulation reichen hierzu nicht aus. Sie sind zwar einerseits die Antriebskräfte, die aus Eigennutz die weltweite Kooperation vorantreiben; sie blockieren sie aber andererseits, weil sie immer dann sofort in das Gegenteil umschlagen, wenn an diesen Zielen im Interesse anderer Ziele Abstriche vorgenommen werden müssen.

Alle werken für sich und sind nur insoweit zur Kooperation bereit, als es dem eigenen Vorteil dient. Es ist die egozentrischen Grundhaltung, aus der einer vorurteilsfreien weltweiten Arbeitsteilung immer wieder Steine in den Weg gelegt   werden.

---

5 138 Kriege in den letzten 40Jahren sprechen da eine eigene Sprache!

Gewinnmaximierung und Kapitalkumulation mit der Zielsetzung, den Reichtum weniger zu erhöhen - was naturgemäß immer bedingt, dass anderen Kapital entzogen oder vorenthalten wird - kann nur zu zunehmenden Spannungen in der Gesamtgesellschaft führen, deren Auflösung letzten Endes auch mit Gewalt gesucht wird.

Dies kann nur vermieden werden, wenn auch Gewinnmaximierung und Kapitalkumulation einer ethischen Grundkonzeption unterworfen werden, die das Wohl der gesamten Menschheit zum Ziele hat.

Da das Wohl der Menschheit aber nur zu sichern ist, wenn auch der natürliche Lebensraum - das heißt die Umwelt - erhalten bleibt, müssen die Ziele der Gewinnmaximierung und Kapitalkumulation dort ihre Grenzen finden, wo eine Gefährdung des Lebensraumes zu befürchten ist. So ist beispielsweise die Abholzung des Regenwaldes aus ökonomischen Interessen ein Verbrechen an der Menschheit, das bisher ungeahndet bleibt.

3.	Das Merkmal der über die Individuen hinausgehenden Verbindungen ist in der weltweiten Zusammenarbeit und der politischen Organisation zu suchen.

Hier ist vieles im Gange aber nichts vollendet. Der voranschreitende Prozess der Globalisierung lässt - wie nicht anders zu erwarten war - Gewinner aber auch viele Verlierer zurück. Es reicht nicht aus, einfach nur Handelsbarrieren einzureißen, wenn nicht auch die zu erwartenden Folgen beachtet werden. Nur den vorhandenen Starken das Feld zu überlassen, bedeutet, die Schwachen ins Abseits zu drängen, die dann ihrerseits ihren Frust in Aggressionen abbauen, die dann - wie der El-Kaida-Terrorismus - weltweite Folgen zeigen.

Und in unserer zunehmend vernetzten und voneinander abhängigen menschlichen Welt sind auch noch ganz andere Aggressionen denkbar, für die auch die Schwachen die Mittel beschaffen könnten. Das Überlebensinteresse sollte eigentlich dazu führen, die Partikularinteressen der Individuen, Völker, Staaten dem Gesamtinteresse der Menschheit nachzuordnen. Dazu wäre es erforderlich, unter dem Überbau einer von allen akzeptierten Weltordnung Macht an überstaatliche das heißt internationale Organisationen abzugeben und für einen weltweiten sozialen Ausgleich zu sorgen.
Ich habe den Eindruck, dass Ansätze dazu durchaus vorhanden sind. Doch es geht so langsam voran, dass die sich abzeichnenden Krisen schneller eintreten werden als die zu ihrer Beherrschung notwendigen internationalen Strukturen entstanden sein werden.

Auch hier fehlt also ein geistiges Modell als Überbau, unter dem die Entwicklungen geordnet werden könnten.

4.   Die neuralen Strukturen des einzelnen Menschen, worunter ich nicht nur das Informationssystem der Nerven mit der Computerzentrale Gehirn, sondern auch das Wirksystem aus Botenstoffen - wie beispielsweise den Hormonen - verstehe, sind im Rahmen der evolutionären Schöpfung in einer Art und Weise entwickelt worden, dass man davor nur in staunender Ehrfurcht stehen kann.

Diese Strukturen sind die Grundlage für die herausgehobene Position, welche der Mensch innerhalb der Natur - der Gesamtheit des pflanzlichen und tierischen Lebens - auf dem Planeten Erde einnimmt. Doch sie stehen dem Men-

schen schon seit langen Zeiträumen zur Verfügung. Zumindest in den historisch belegbaren Zeiträumen, also seit einigen 1000 Jahren, dürfte es hier keine wesentlichen Veränderungen mehr gegeben haben. man kann also davon ausgehen, dass sich am Intellektuellen Status der Menschen seit tausenden von Jahren grundsätzlich nichts geändert hat. Was sich geändert hat, ist die historische Erfahrung und das Wissen über die Umwelt, in der wir leben, und der Möglichkeiten, diese zu nutzen und zu unserem Vorteil zu verändern. Daraus ergaben sich folgerichtig Bewusstseinsveränderungen, das heißt neue Gedanken und Einstellungen – das jeweilige Weltbild!
Die Geschwindigkeit, mit der sich Erfahrungen und Wissen der Menschheit verändert haben, hat sich permanent beschleunigt. Dadurch haben auch Weltbilder ein immer kürzeres Verfallsdatum. Deshalb ist es gut, dass sich jede Generation das aktuelle Weltbild selbst erarbeiten muss und dabei Überkommenenes infrage stellt. Überlieferte Traditionen, die eine gewisse Sicherheit im menschlichen Zusammenleben boten, verlieren dabei allerdings immer mehr an Bedeutung.

Das alles muss aber mit den seit tausenden von Jahren bestehenden neuralen Strukturen des Menschen geleistet werden und offenbar ist das, womit wir in der Evolution ausgestattet worden sind, dafür auch ausreichend.

Die Frage nach der Entwicklung von neuralen Fähigkeiten im Zusammenhang den hier zu erörternden Fragen bezieht sich deshalb weniger auf das einzelne Individuum als vielmehr auf die weltweite menschliche Gesellschaft.

Hier stellt die Informationstechnologie bereits umfangreiche Mittel zur Verfügung. Das Internet ist ein Beispiel für ein weltweit funktionierendes System mit quasi neuralen Fähigkeiten. Wesentliche Voraussetzung ist dabei das Arbeiten nach festgelegten (vereinbarten) Regeln. Nur wenn alle Beteiligten vom Sendenden über den Techniker bis zum Empfänger sich an die Konventionen halten, kommt eine Informationsübermittlung zu Stande. Alle müssen sich den Zwängen des geschaffenen (Ordnungs-) Systems unterwerfen.

Für das Verständnis der erdweit übermittelten Informationen bedarf es zudem beim Sendenden und dem Empfangenden einer gemeinsamen Sprache. Beide müssen einen Kenntnisstand haben, der sich entspricht. Ist das nicht der Fall, kommt es zu Nichtverstehen und Fehlinterpretationen. Zur Nutzung der Technik (gleich neuralen Fähigkeiten) bedarf es also mehr, als nur der technischen Voraussetzungen.

Hier aber bestehen noch erhebliche Probleme. Es beginnt schon bei der zu nutzenden verbalen oder schriftlichen Sprache. Auch wenn das Englisch sich zunehmend als internationale Verständigungssprache durchsetzt, sind dennoch viele Sprachbarrieren vorhanden, so dass sich viele am weltweiten Kommunikationssystem gar nicht beteiligen können. Die Vielzahl der weltweit verwendeten Schriftarten stellt eine weitere Verständigungsbarriere dar. Und nicht einmal das Tagesdatum wird weltweit einheitlich angegeben.

Man kann also feststellen, dass zwar die technischen Mittel vorhanden sind, die zu deren umfassender Nutzung aber erforderliche Kommunikationsebene erst entwickelt wird.

Es liegt an der Menschheit die Werkzeuge der Informationstechnologie für die Lösung ihrer Probleme zu nutzen. Aber es gibt bisher eben nur die - zwar unverzichtbaren -

technischen Werkzeuge, um eine global funktionierende
Ordnung zu etablieren und zu erhalten. Eine allen gemein-
same geistige Ordnung als Verständigungsebene zu schaffen, ist aber eine noch nicht gelöste Aufgabe.

Dazugehört sicher auch, dass die Menschen endlich ihr
Gehirn von dem Ballast befreien, der ihnen aus politischer,
religiöser oder sonstiger Interessenlage aufgeladen wird.
Der Mensch sollte es lernen, sich gegen die Aufnahme von
Müll zu wehren, um für die Bewältigung der wirklichen
Überlebensfragen offen zu sein. Und das geht jeden ein-
zelnen an.

Ein neues, modernes geistiges Weltmodell kann nicht gegen sondern immer nur mit den Menschen entwickelt werden. Aber wie schnell muss und kann das geschehen? Bisher setzten sich umwälzende Denkvorstellungen nur über
Generationszeiträume durch.

Die von Christus in der Bergpredigt postulierten menschlichen Verhaltensnormen fanden im römischen Reich, das zu
seiner Zeit den europäischen, nordafrikanischen und vor-
derasiatischen Kulturraum umfasste, erst nach 200 bis 300
Jahren grundsätzliche Akzeptanz. Sich wirklich danach
richten, machen nicht einmal die Christen.

Die Ideen der französischen Revolution zu Menschenrech-
ten und Gewaltenteilung wurden in Deutschland erst nach
mehr als 200 Jahren umfassend umgesetzt. Weltweit ist
deren Akzeptanz, geschweige denn deren Umsetzung, bis
heute längst nicht gesichert.

Aber haben wir für ein neues, modernes Weltmodell so viel
Zeit? Wobei unter modern nicht ein nur neumodisches

Weltbild zu verstehen ist, sondern eins, das geeignet ist, uns zur Bewältigung unserer Probleme zu befähigen.

5.   Die Evolution optimiert das Leben und Sterben in Fauna und Flora, indem sich die Geburtenrate an den jeweiligen Lebensraum anpasst. Dem Nahrungsangebot und der Verlustrate durch Fressfeinde wird durch höhere oder niedrigere Geburtenzahlen entsprochen. Eine Maus - das gejagte Tier - erzeugt viel mehr Nachkommen als seine Jäger wie der Fuchs oder der Bussard. Und fehlt die Futtergrundlage an Mäusen, so verhungern viele Füchse und Bussarde und werden somit keine Nachkommen mehr erzeugen. Das gibt den Mäusen die Chance, ihre Art zu regenerieren.

So entsteht ein ständig neu justiertes Gleichgewicht, in welchem sich die Faktoren Nahrungsangebot, Fressfeinde und Geburtenzahlen austarieren.

Der Mensch hat sich scheinbar aus diesem Gleichgewichts-System verabschiedet. Er vermehrt sich mit steigender Geschwindigkeit, wobei bisher eine Verdoppelung in immer kürzeren Zeitabständen stattfand. Hinzukommt, dass sich seine Lebenszeit im Laufe der letzten Jahrhunderte verdoppelt hat; was bedeutet, dass das einzelne menschliche Individuum auch doppelt soviel Ressourcen verbraucht.

In den am weitesten entwickelten Gesellschaften - und die anderen streben danach - ist auch der individuelle Anspruch an die Lebensqualität erheblich angestiegen. Ein hoher Lebensstandard, der einen unbegrenzten Zugriff auf Nahrung, Verbrauchs- und Luxusgüter, auf Wasser, Energie usw. erfordert, wird als Selbstverständlichkeit vorausgesetzt. Auch eine unbegrenzte Mobilität mittels extensiv ausgebauter Verkehrssysteme auf der Erde, zu Wasser und in

der Luft, die weitere Ressourcen verschlingen, wurde zu
einer unabdingbaren Lebensvoraussetzung.

Der Mensch rottet sich zunehmend in Städten zusammen,
in denen bereits mehr als 50% der Weltbevölkerung leben.
Hier wird durch Einsatz von Energie die Nacht zum Tage
gemacht. Hier kann eine Infrastruktur geschaffen werden,
die alles zu bieten scheint, vom täglichen Bedarf bis hin zur
Freizeitunterhaltung. Hier sind die Arbeitsplätze, hier gibt es
"Brot und Spiele". Es scheint, als seien die Städte Freiräu-
me, in denen die Gesetzmäßigkeiten der Natur weitgehend
nicht mehr gültig wären. Das ist ein Irrtum, der die Menschheit noch teuer zu stehen kommen kann. Die ungeheure
Siedlungsdichte stellt ein hohes Risiko dar, wenn sich beispielsweise eine rasant verbreitende neue Seuche entwickeln sollte. Dies ist der Albtraum der Virologen.

Um das alles zu ermöglichen, werden Regenwälder abge-
holzt, die Meere überfischt, das Land bis über die Grenzen
seiner Belastbarkeit hinaus ausgebeutet, vor allem aber
auch die über Jahrmillionen entstandenen, nicht regene-
rierbaren Erdschätze wie Öl, Gas, Kohle verbraucht. Erdschätze, die in den Jahrmillionen Unmengen von Kohlendioxid gebunden haben, werden nunmehr in kürzester Zeit
verschwendet und dabei deren Kohlendioxid freigesetzt.

Niemand weiß, wann und wie dieses menschliche Verhalten zum Kollaps führen wird. Doch er wird kommen, wie
das Amen in der Kirche, wenn die Menschheit nicht radikal
umsteuert. und wie es scheint, ist dieser Kollaps eher bald
als nach langen Zeiträumen zu erwarten.

Es gibt zu viele Menschen und die Lebensansprüche sind
zu hoch!

Im Sinne der Evolution hat der Mensch den ihm zugewach-
senen Lebensbereich im Rahmen der gesamten evolutionären Schöpfung bereits weit überschritten, er untergräbt das
natürliche Gleichgewicht, verändert für alles Leben auf dieser Erde die Existenzgrundlagen und entzieht sie dabei
auch sich selbst.

Durch seine hemmungslose und progressive Vermehrung
verletzt er das evolutionäre Prinzip der Ausgewogenheit
von Leben und Sterben in selbstzerstörerischer Weise.

Der Mensch ist für die Schöpfung zum Risiko geworden!

Bisher hat das immer zum Untergang der entsprechenden
Spezies geführt. Und die Natur kennt keine Gnade. Allein
das in der Natur gültige Prinzip des Fressens und Gefressen Werdens zeigt uns, dass Mitleid kein Element der Evolution ist. Wenn wir nicht selbst mit uns gnädig sind, haben
wir kein Verzeihen zu erwarten.

6.   Und damit sind wir bei dem Merkmal der Evolution,
dass untaugliche Entwicklungen im natürlichen System
absterben.

Untauglich sind Lebensformen immer dann, wenn sie den
Anforderungen ihres Lebensraumes nicht mehr entsprechen.

Der Mensch hat nur diesen Lebensraum auf unserem Planeten Erde, und zwar genau unter den Bedingungen, die
sich in der materiellen und in der Lebenswelt über uner-
messlich lange Zeiträume herausgebildet haben. In diesem
Lebensraum und nur genau in diesem kann er existieren, in
keinem anderen.

Ändert der Mensch diesen Lebensraum selbst in signifikanter Weise, wird er als Spezies absterben und viele andere mitnehmen.

Wie schnell das gehen kann, zeigt die als gesichert angesehene Erwärmung des Erdklimas durch Treibhausgase. Deren Folgen werden wir, aber noch mehr die nächsten Generationen erfahren und zu tragen haben.

Wir sind vor den Folgen gewarnt; denn der Kenntnisstand unserer Wissenschaftler ermöglicht es Ihnen, uns die Welt von morgen in Modellen zu beschreiben. Wir wissen auch, dass die Ressourcen, derer wir uns zur Gestaltung unseres Lebens bedienen, endlich und damit erschöpflich sind.

Und selbst die regenerativen Ressourcen der Fauna und Flora werden von uns in einem Ausmaß und in einer Weise ausgebeutet, dass deren Regenerierungsfähigkeit erlischt. Das, was wir aufgrund unserer intellektuellen Fähigkeiten hüten und pflegen sollten, verderben wir und rotten es vielfach aus.

Der Mensch ist zur Geißel der belebten Welt geworden.

Und er entzieht sich dabei selbst seine eigenen Lebensgrundlagen.

7.   Auf dem Weg der Evolution, also in dem anhaltenden Prozess der Schöpfung sind wir auf zwei Arten zur Aufbewahrung der für uns wichtigen Erkenntnisse ausgestattet worden, die Voraussetzungen für die Weitergabe von Erkenntnissen   sind.

Die eine Art ist die Speicherung von Informationen im Er-
bgut, also in unseren Genen. Die andere Art besteht darin,
unsere individuelle Erfahrung in unserem Massenspeicher,
dem Gehirn, aufzubewahren.

Das, was in unseren Genen an Informationen steckt, ist das
Ergebnis der gesamten Evolution von Anbeginn an.
Das beginnt mit der Urzelle und endet bei dem hochkomplexen Organismus, den wir heute darstellen. Dabei wurde
nichts weggeworfen, sondern alles nur ergänzt in einem
steten Prozess der Anpassung an die speziellen Umweltbedingungen unseres Planeten Erde. Es wurden also keine
neuen Baupläne entworfen, sondern die vorhandenen
Baupläne wurden bedarfsorientiert ergänzt, nicht mehr benötigte Bauteile wurden nicht entfernt, werden aber nicht
mehr genutzt.

Unsere Gene geben uns das Optimum an Ausstattung für
unseren Lebensraum aber nur für eine begrenzte Lebenszeit. In unseren Genen ist auch unser individuelles Ende
programmiert.

Unsere Gene bestimmen den Rahmen und unserer Le-
bensmöglichkeiten in der irdischen Umwelt, wie sie sich
über Jahrmillionen entwickelt hat. Sie begrenzen uns aber
genauso; denn außerhalb dieses Rahmens sind wir nicht
existenzfähig.

So sind auch die Träume von der Besiedlung fremder Wel-
ten Schwachsinn, weil wir in den uns erreichbaren Welt-
raumregionen allenfalls in Erdverhältnisse simulierenden
Biotopen kurzzeitig überleben könnten.

Nun sind die Baupläne des Lebens in neuerer Zeit ent-
schlüsselt worden und die daran forschenden Wissen-

schaftler beginnen die Gene im Detail zu begreifen. Und schon sind sie dabei, an ihnen herum zu werkeln, sehr oft nur aus kommerziellen Interessen.

Damit beginnt der Mensch als Produkt der Schöpfung in den Schöpfungsprozess einzugreifen und ihn in seinem Sinne zu lenken.

Ob das gut gehen kann, möge jeder für sich entscheiden. Das Menetekel des Scheiterns ist jedenfalls gegeben - mit nicht absehbaren Folgen. Bisher hat der Mensch jedenfalls nicht den Eindruck erweckt, dass er - quasi gottgleich - alle gegebenen Zusammenhänge zu erkennen und zu beachten vermag. Häufig verhält er sich mehr wie der tölpelhafte Zauberlehrling in Goethes gleichnamiger Ballade.

Die Informationsspeicherung in den Genen ist der Weg, in dem langgültigen Lebensbedingungen durch die Evolution entsprochen wird. Sie stellt gewissermaßen ein Abbild eines für lange Zeiträume stabilen irdischen Umfeldes dar. Wir erhalten dadurch aber eine Prägung, der wir nicht entkommen können. Eine wesentliche Destabilisierung des Umfeldes würde uns somit existenziell infrage stellen. Eine schnelle genetische Anpassung an eine radikale Veränderung unserer Umwelt würde es nicht geben.

Nun besteht unser Umfeld aber auch aus vielen variablen Faktoren, die nur zeitlich oder örtlich begrenzt wirksam sind. Wo, wann, mit wem, wovon leben wir? Die Beantwortung dieser Fragen erfordert von uns Anpassungsprozesse. Aber die Beantwortung wird individuell unterschiedlich ausfallen und deshalb auch eine individuelle Anpassung erfordern. Es sind nur kurze Zeit gültige Lebensbedingungen. Denen kann eine genetische Prägung nicht entsprechen.

In der Evolution ist deshalb ein spezielles Organ entwickelt worden, das Gehirn. Die Struktur dieses Organs erlaubt uns, Informationen aufzunehmen, sie zu verarbeiten oder besser zu bewerten, sie zu speichern und darauf zu reagieren. Der Vorteil dieses Organs ist es, dass jedes Individuum die Chance hat, sich in sein spezielles Umfeld angepasst einzufügen.

Der Nachteil ist, dass alle Informationen in jeder Generation neu eingespeist werden müssen. Das Erfahrungswissen der vorangegangenen Generationen ist per se nicht vorhanden und muss in langwierigen Lernprozessen erst erworben werden. Es sind mindestens 20 Jahre des Lernens und der Ausbildung erforderlich, bevor wir in der heutigen komplexen Lebenswelt der Menschen mitwirkend tätig werden können. Und auch danach zwingt uns eine ständig und immer schneller im Wandel begriffene Lebenswelt, unser Wissen zu überprüfen und zu ergänzen.

Das frühere Erfahrungswissen wird jedoch nicht nur von den unmittelbaren Vorfahren vermittelt, sondern ist auch als gemeinschaftliches Menschheitswissen in einer Vielzahl von Medien gespeichert. Es wächst ständig an und ist von keinem Menschen in seiner Gesamtheit zu erfassen. Es wird arbeitsteilig erworben, verarbeitet und genutzt; jeweils von Menschen, die sich einem bestimmten Informationsbereich zum Beispiel aus beruflichen Gründen zugewandt haben. Auch diese sehen sich einer immer größer werdenden Informationsflut ausgesetzt, die der Einordnung und Bewertung bedarf.

Wir drohen in dieser Informationsflut unterzugehen. Die Folge ist eine Verunsicherung der Menschen, die sich in ihrer Not dem zuwenden, was ihnen in großer Menge angeboten wird; nämlich den seichtesten Unterhaltungen der

verschiedensten Art oder den abstrusesten Vorstellungen
über den Sinn des Lebens. Die "Krone der Schöpfung" ist
darin nicht mehr als der Spielball für diejenigen, die daraus
ihren Vorteil ziehen.

Informiert zu sein bedeutet, über ein Wissen zu verfügen,
mit dem wir in der Lage sind, neue Informationen zu bewerten. Erst durch Bewertung können wir entscheiden, ob wir
die neuen Informationen als "richtig" akzeptieren oder als
"falsch" verwerfen.

Wissen immunisiert uns vor Desinformationen, die darauf
abzielen, uns zu einem vom Informanten gewünschten bestimmten Verhalten zu bewegen. Deshalb ist Wissen für
jeden von uns so unwahrscheinlich wichtig.

Doch wie gesagt, ist die uns überrollende Informationsflut
so gewaltig, dass wir sie als einzelnes Individuum nicht
verarbeiten und aufnehmen können. Es bedarf also eines
Filters, der wichtiges von unwichtigem trennt und uns das
Wichtige als Basiswissen zur Verfügung stellt.

Einen derartigen Filter gibt es nicht.

Da sich die Menschheit immer mehr als ein miteinander
vernetzter Gesamtorganismus darstellt, in dem sich die
Krankheit des einen Teiles auf die anderen Teile auswirkt,
kann es geschehen, dass wir in der Flut der richtigen oder
falschen Informationen ertrinken.

Bleiben wir bei dem Bild der Menschheit als einem vernetzten Gesamtorganismus, so fehlt diesem Organismus die
Steuerungszentrale - das Gehirn. Evolutionär gesehen,
befindet sich die Menschheit als Gesamtorganismus noch
in einem Vorstadium des Bewusstwerdens - also auf einer

animalischen Stufe.

Der Gesamtorganismus Menschheit hat es noch nicht fertig gebracht, ein Instrumentarium zu entwickeln, mit dem die Informationsflut verarbeitet, bewertet und uns in sinnvoller Weise zur Verfügung gestellt werden kann.

Das kann sich in der Zukunft als ein schwerwiegender Mangel herausstellen.

8.   Die Unterordnung individuellen Lebens gegenüber der Artensicherung ist ein weiterer Aspekt der Evolution.

Die heutige Flora und Fauna ist eine Momentaufnahme der voranschreitenden Evolution, die ich mit der Schöpfung der irdisch belebten Welt gleichsetze.

Flora und Fauna bestehen aus einer Unzahl von Arten, die jeweils eine ökologische Nische gefunden und besetzt haben. Sie müssen diese verteidigen; denn die Evolution sorgt stets für Konkurrenzdruck durch andere oder neue Arten.

Die Mittel der Verteidigung sind entweder aggressiv durch Angriff (mit Zähnen und Klauen usw.) oder aber defensiv zum Beispiel durch Steigerung der Geburtenrate. Insbesondere Letzteres Verfahren zeigt, dass die Schöpfung der Arterhaltung Vorrang einräumt gegenüber dem individuellen Leben. Es kommt nicht darauf an, wie viele individuelle Existenzen gefressen werden, wenn nur genug davon übrig bleiben, um durch Fortpflanzung die Art zu erhalten.

Uns erscheint dieses oft grausam, obwohl auch wir uns ausschließlich von Flora und Fauna ernähren, zur eigenständigen Umwandlung unserer einzigen Urquelle allen Le-

bens, der Sonnenenergie, in lebenspendende Kraft sind wir
unmittelbar nicht fähig. Wir müssen zur Erhaltung unserer
Lebenskraft andere Lebensformen verzehren. Dies macht
uns abhängig und verletzlich. Gehen für uns genießbare
Lebensformen zu Grunde, sind auch wir vom Untergang
bedroht.

Aber auch innerhalb der Arten besteht Konkurrenzkampf.
Aus Existenzgründen müssen Reviere gegenüber Artge-
nossen verteidigt werden, weil sonst nicht für alle genug
Nahrung vorhanden wäre. Die individuelle Verteidigung
dient aber letztlich ebenfalls der Artensicherung, weil sonst
alle verhungern müssten und damit die Art gefährdet wäre.

Bei vielen Arten hat es sich als nützlich erwiesen, wenn
sich Individuen zu Verbänden zusammenschließen, die wir
als Horden, Rudel, Schwärme usw. bezeichnen.

Dies gilt auch für den Menschen, den man wohl als den am
weitesten entwickelten Primaten anzusehen hat. Seine
Entwicklungsstufen gehen über Familien - Horden - Stäm-
men - Nationen - Staaten bis zu den heute bestehenden
Staatenverbindungen.

Diese Einheiten konkurrieren genau wie die übrigen Arten
um Ressourcen, die sie wirklich oder vermeintlich zur Existenz und zum Überleben benötigen; und zwar nicht nur gegenüber anderen Arten sondern sehr vielmehr untereinan-
der.

Der Konkurrenzkampf wird auf vielerlei Weise ausgetragen,
am offensichtlichsten aber durch Kriege, die bis heute und
mit äußerster Brutalität ausgetragen werden.

Ein Verantwortungsbewusstsein gegenüber der Menschheit

als Gesamtheit der Art scheint nicht entwickelt zu sein.

Innerhalb der Verbände wird von den Individuen Ein- und Unterordnung erwartet. Die Individualansprüche stehen dabei in einem Spannungsverhältnis zu den Ansprüchen des gesamten Verbandes.

Zur Auflösung dieser Spannungsverhältnisse sind gesellschaftliche Modelle entwickelt worden, von dem Demokratiemodell der einen bis zu den autoritären, teilweise diktatorischen Modellen der anderen. Je nach Modell sind die Individualrechte gegenüber den Gesamtinteressen des Verbandes weiter oder enger ausgestaltet. Auch diese Modelle stehen miteinander in Konkurrenz und werden mit missionarischem Eifer und oft streitig vertreten.

Komplizierter wird das alles noch dadurch, dass neben diesen ideologisch vertretenen Organisationsmodellen für Staaten bis zu Staatsverbänden noch weitere Ideologien bestehen, die beispielsweise aus religiösen, rassistischen, ökonomischen Überzeugungen resultieren und sich in Verbindungen manifestieren, welche die Organisationsmodelle überlagern und beeinflussen.

Das Ganze ist so chaotisch, wie es sich anhört, und ist den Mitwirkenden entweder nicht bewusst oder wird aus individuellen Interessen ausgeblendet.

Diese archaischen Denk- und Organisationsmodelle werden einer Art, die dabei ist, sich durch ungezügelte Vermehrung und durch Verbrauch und Vernichtung seiner Ressourcen die Lebensgrundlage zu entziehen, nicht gerecht. Auch die verzweifelten Versuche, zumindest die Vergiftung der Atmosphäre, einer für uns unabdingbaren Existenzvoraussetzung, zu reduzieren (wohlgemerkt: nicht zu verhindern) sind nur "das Stühlerücken auf der sinkenden Titanic".

Solange, wie die Menschheit nicht in der Lage ist, das Individual- und Verbandsinteresse dem Gesamtinteresse unterzuordnen, versagt sie im Sinne der evolutionären Prinzipien.

Sie wird untergehen, wenn sie nicht gewissermaßen in letzter Stunde einen anderen Weg findet.

Fazit

Betrachten wir zusammenfassend den Status Quo unserer evolutionären Entwicklung vor dem Hintergrund der wichtigsten Evolutionsmerkmale, so müssen wir feststellen, dass wir dabei sind, zu versagen.

In geistiger Hinsicht bewegen wir uns auf den Spielwiesen der politischen und religiösen Ideologien, ohne zu erkennen, dass sie alle nur der Versuch sind, unsere Existenz in einer Nische der Evolution zu erklären und zu sichern. Solange wir uns dafür den Blick verstellen, werden wir nicht zu einem belastbaren gemeinsamen geistigen Überbau gelangen.

Wie wir unsere menschliche Gesellschaft organisieren, das heißt, nach welchen Regeln wir unser Miteinander gestalten, ob und wie wir die uns zur Verfügung stehenden Ressourcen nutzen und verteilen, wie wir mit der übrigen belebten Natur umgehen und ob wir unserer Vermehrung zur Rücksichtnahme auf die gesamte Schöpfung Grenzen setzen, hängt von unserem geistigen Überbau ab. Organisation und Regeln sind nur die Manifestationen unseres Denkens und Wollens.

Bisher sind entsprechend der bestehenden ideellen Vielfalt Organisation und Regeln des menschlichen Miteinanders vielfältig und divergierend und enthalten großes Konfliktpotenzial, weil sie als konkurrierend und jeweils den anderen Modellen überlegen verstanden werden.

Die notwendige Zuwendung zu einem neuen gemeinsamen geistigen Überbau würde nachfolgend auch die gesellschaftlichen Organisationen und deren Regeln beeinflussen und auch das Konfliktpotenzial abbauen.

Die menschliche Gesellschaft steht so oder so vor großen Umwälzungen. Ein "Weiter so" - und das ist aber leider nach allen bisherigen Erfahrungen wahrscheinlich der Weg, der eingeschlagen werden wird. Dieser Weg wird in überschaubarer Zeit zu großen Problemen führen, da Verteilungskämpfe mit nicht kalkulierbaren Auswirkungen sehr wahrscheinlich sind.

Aber auch ein *"neues Denken"* würde zu wesentlichen Veränderungen führen müssen. Geburtenbeschränkungen, eine Änderung in der Zielorientierung der Wirtschaft weg von der reinen Kapitalorientierung und eine gezielte Steuerung der Ressourcenverwendung würden erhebliche Einschnitte in die uns gewohnte Lebensführung bedeuten.
Es würde jedoch eine erhebliche Verbesserung der Perspektiven der Menschheit im Evolutionsprozess versprechen.

Die für ein "neues Denken" erforderliche geistige Revolution fängt in den Köpfen an. Erst wenn sich die an Einsicht verbreitet hat, dass ein "Weiter so" für uns Menschen in den Abgrund führen wird, kann ein neuer gemeinsamer geistiger Überbau entwickelt werden.

Verfolgt man die Äußerungen in unserer Zeit, so kann man feststellen, dass zu diesen Fragen allenthalben Unruhe herrscht. Die Bereitschaft zu Änderungen wächst - und das stimmt hoffnungsvoll.

Die Zukunft wird erweisen, ob das "Modell Mensch" in der Evolution und damit in der Schöpfung bestehen kann oder aber, weil es die Regeln der Schöpfung missachtet, als untauglich verworfen werden wird.

6. aus meiner Sicht

Ausgangspunkt dieser Schrift war die Absicht, nach einer Lebenszeit von mehr als 70 Jahren eine Standortbestimmung vorzunehmen und zwar zwangsläufig mit Blick auf die Zeit seit Beginn meines Lebens und die seitdem eingetretenen Entwicklungen.

Um für eine Beurteilung Maßstäbe zu finden, habe ich in den vorangehenden Kapiteln ausgeführt, welche Kriterien für eine Bewertung meiner Ansicht nach angewendet werden müssen.
Ausgehend von diesen Kriterien habe ich versucht, den Status Quo des menschlichen Lebens auf dieser Erde einzuschätzen und zu bewerten. Das Ergebnis, zu dem ich gekommen bin, ist nicht gerade viel versprechend.

Ein älterer Mensch hat den Vorteil, aufgrund eigenen Erlebens nicht nur den gegebenen Status sondern auch den Weg dahin zu betrachten. Jede Generation hält die Situation, die sie vorfindet, zunächst als schon immer für gegeben. Erst die Erfahrung der Veränderung während der eigenen Lebenszeit lässt sie erkennen, dass alles im Fluss ist. Dies verändert die Perspektiven und die Einsichten. Die eingetretenen Veränderungen werden kritisch hinterfragbar.

Hiervon ausgehend will ich die letzten 70 Jahre so beschreiben, wie ich sie erlebt habe.

6.1 die Entwicklung der politischen Welt

Meine frühen Erinnerungen reichen zurück bis in die Zeit des Zweiten Weltkrieges. Besonders prägnant waren dabei die Erlebnisse im Bombenkrieg in Berlin, auf der Flucht vor der anrückenden Roten Armee aus dem Oderbruch sowie während der Endkämpfe in Berlin. Danach begannen die Hunger- und Mangelzeiten, für mich persönlich auch die Zeiten der Erkrankung und des frühen Todes meines Vaters im Jahre 1948. Mein Vater hätte vielleicht trotz seiner Tuberkuloseerkrankung länger gelebt, wenn er nicht jahrelang dem Hunger und der Mangelernährung ausgesetzt gewesen wäre. So starb er während der Zeit der Berlin-Blockade, kurz bevor sich die Gesamtsituation zum Besseren wendete.

Meiner Generation wurde beigebracht, dass die Schrecken diktatorischer Herrschaft nur durch die Demokratie gebändigt werden könnten, in der das Volk das Sagen habe. Dies würde Frieden und Ausgleich in der Gesellschaft herbeiführen.

Bloß wurden zu jener Zeit große Teile der Welt, insbesondere auch Europas, nicht demokratisch regiert. Abgesehen von dem gesamten Ostblock bestanden in Europa noch autoritäre Staatsformen in Spanien, Portugal, Griechenland. Deutschland und Österreich hatten Militärregierungen, unter deren Dach allerdings demokratische Institutionen aufgebaut wurden.

Die Kolonialmächte, allen voran England und Frankreich, waren noch in Kolonialkriege in Asien und Afrika verwickelt, aus denen sie sich erst nach blutigen Kämpfen und teilweise schweren Niederlagen durch schrittweise Freigabe der Kolonien lösten.

Andere, aus ideologischen Gründen geführte Kriege - wie in Korea und Vietnam - traten jedoch an die Stelle der Kolonialkriege. Man kann vielleicht sogar sagen, dass die militante Verbreitung und Aufrechterhaltung von Ideologien eine neue Form des Kolonialismus darstellten.

Sowohl die von den USA angeführten kapitalistischen Staaten als auch die von der Sowjetunion dominierten und beherrschten, kommunistischen Ostblockstaaten versuchten mit allen Mitteln einerseits ihren Einflussbereich und damit auch Ideologie auszudehnen beziehungsweise zu verbreiten, andererseits aber die Ausbreitung der „feindlichen" Ideologien zu verhindern.

Sieht man die in der französischen Revolution postulierten Forderungen nach "Freiheit, Gleichheit, Brüderlichkeit" - ergänzt um das Prinzip der Gewaltenteilung - als elementare Grundlagen der Demokratie an, dann war Demokratie durchaus nicht weit verbreitet und offenbar auch nicht für alle vorgesehen. Selbst demokratische Staaten hatten überhaupt keine Skrupel, diese anderen zu verweigern. Das Verhalten war durchaus schizophren.

Wenn auch bis heute die demokratischen Prinzipien nicht allgemein zur Grundlage der Staatsorganisationen gemacht worden sind, so scheint mir doch - trotz aller Rückfälle - eine dahingehende Tendenz gegeben zu sein.

Nur sind diejenigen, die in Demokratien die Macht errungen haben, oft nicht so ohne weiteres bereit, diese wieder aufzugeben. Die Mittel dazu reichen von der Verunglimpfung des politischen Konkurrenten bis zur Manipulation der Wahlergebnisse. Jede Lüge und jedes offensichtlich gar nicht einhaltbare Versprechen scheinen zulässig zu sein, um das Wahlverhalten der Bürger zu beeinflussen. Wir werden tagtäglich damit konfrontiert.

Auch spielt Geld eine große Rolle. Von Kapitalgebern werden die von ihnen präferierten Parteien mit großen Geldmitteln ausgestattet, um im Wahlkampf sehr viel präsenter auftreten zu können als ihre Konkurrenten. Damit soll das Wahlverhalten im Sinne der Kapitalgeber beeinflusst werden, die ihrerseits natürlich bei einem Obsiegen von der von ihnen präferierten Partei Gegenleistungen erwarten. Auch die Religionsgläubigen sind den Versuchen ihrer Priester, Imamen etc. ausgesetzt, ihre Wahlentscheidung zu beeinflussen.

Die Praktiken in der Demokratie wirken desillusionierend. Unwahrheiten, Verunglimpfung der politischen Gegner, wie ein Kuhhandel wirkender Interessenausgleich in Gesetzgebungsverfahren, die dem Bürger nur schwer nachvollziehbar sind, nehmen dieser Regierungsform jegliche Strahlkraft.
Dennoch halte ich die Demokratie für die beste gegebene Regierungsform. Übertreibungen der Regierenden werden in ihr bestraft, indem sie doch letztendlich abgewählt werden. Dies wirkt disziplinierend und verhindert dadurch allzu große Auswüchse.

Die mangelnde Strahlkraft der Demokratie stellt für sie jedoch eine Gefahr dar. Die Desillusionierung der Bürger kann zu deren Hinwendung zu radikalen politischen Richtungen führen. Dessen sollten sich Demokraten immer bewusst sein und ihr eigenes Verhalten danach ausrichten.

Auch sind die Wahlverfahren häufig so gestaltet, dass die Zusammensetzung der Parlamente nicht den tatsächlichen Wählerwillen spiegelt oder bei der direkten Personenwahl nicht diejenigen an die Macht kommen, welche die Stimmenmehrheit haben.

Beispiele dafür sind das Mehrheitswahlrecht in England, weil hier in den einzelnen Wahlkreisen die Stimmen entfallen, die für den unterlegenen Mitbewerber abgegeben wurden - oder aber das Verfahren zur Präsidentenwahl in den Vereinigten Staaten von Amerika, wo der Präsident von Wahlmännern bestimmt wird, die von den einzelnen Staaten entsandt werden und die nur im Sinne der Mehrheit im Staat votieren dürfen (winner-take-all-Prinzip). So kann es vorkommen, dass in der Gesamtheit der Vereinigten Staaten mehr Menschen für den Konkurrenten gestimmt haben und sich dieses nicht im Abstimmungsverhalten der Wahlmänner spiegelt. So wurde berichtet, dass bei der vorletzten Wahl in den USA mehr Menschen für Al Gore als für Bush gestimmt hätten, der letztendlich Präsident wurde.

Wahlen bei den Supermächten stoßen auf weltweites Interesse. Die dort gewählten Präsidenten verfügen über eine Machtfülle, die eine weit über den Bereich ihrer Staaten hinausgehende Auswirkung haben können. So haben die Wähler in diesen Staaten stellvertretend eine Verantwortung für die Zukunft der Welt, deren sie sich wahrscheinlich nicht immer bewusst sind. Es ist bedauerlich, dass es bisher in unserer Welt keine auch den Supermächten übergeordnete politische und demokratisch legitimierte Struktur gibt, die Machtausübung im Interesse einer weltweiten Wohlfahrt begrenzt.

Für mich am bedeutendsten war jedoch der so genannte "Kalte Krieg", die große ideologische Auseinandersetzung zwischen den westlichen Demokratien und den kommunistisch orientierten Ostblockstaaten; denn ich lebte in Berlin, das von den Auswirkungen stets ganz besonders tangiert wurde.

Dieser "Kalte Krieg" blieb wohl nur deshalb kalt, weil die auf Atomwaffen basierende Militärtechnik eine weitgehende Vernichtung aller versprach. Dennoch war ich in Spannungszeiten - wie beispielsweise in der Kubakrise - nicht sicher, ob nicht ein geisteskranker Fanatiker deren Einsatz befehlen würde. Gerade in der Kubakrise war ich auf das Ende gedanklich vorbereitet. Und die heute zugänglichen Informationen über die Gedankenspiele der Herrschenden in jener Zeit belegen, dass meine Ängste nicht unberechtigt waren.

Und es gab weitere Zeitpunkte, an denen ein Kriegsausbruch möglich erschien, wie zum Beispiel am Beginn der Berlin-Blockade 1948/49, dem Volksaufstand in der sowjetischen Besatzungszone am 17.6.1953, des von Nikita Chruschtschow initiierten Berlin-Ultimatums im Jahre 1958, mit dem dieser den völkerrechtlichen Status der Stadt verändern wollte. Weil die damit angestrebte völkerrechtliche Isolierung West-Berlins nicht gelang, blieb West-Berlin eine offene Ausgangstür für die zunehmend zur Flucht entschlossenen DDR-Bürger. Die Folge war die Abriegelung Westberlins durch den Bau der Mauer am 13. August 1961. Damit hatte sich der Ostblock aber endgültig einzementiert und ungewollt die Inattraktivität seiner Ideologie für seine Bürger dokumentiert. Nicht nur Berlin, sondern auch Europa blieb danach für nahezu weitere 30 Jahre gespalten.

Für mich bedeutete dieses, dass ich für diese Zeit - die ja auch Lebenszeit war - in meiner Bewegungsfreiheit erheblich eingeschränkt war. Gedanken abzuwandern, die natürlich entstanden, habe ich leider nicht realisiert. Heute bedaure ich dieses; denn mir war schon zu diesem Zeitpunkt klar geworden, dass beide Seiten, der Osten wie der Westen, gelernt hatten, dass sie den Einflussbereich der anderen Seite in Europa zu respektieren hatten und dass sie nicht bereit waren, im Interesse einer Veränderung einen Krieg zu führen. Das war einerseits gut so, andererseits wurde mir klar, dass erst eine nicht absehbare innere Veränderung bei der Führungsmacht des Ostblocks, der Sowjetunion, zu einem Abbau der Berliner Mauer führen würde.

Auch die Volksaufstände in Ungarn 1956 und in der Tschechoslowakei 1968 waren hochbrisante Geschehnisse. Als Berliner war man davon immer unmittelbar berührt, weil einem die Bedrohtheit der Stadt stets deutlich blieb. Immerhin waren in der DDR 500.000 sowjetische Soldaten stationiert.

Auch diese Ereignisse machten mir deutlich, dass der Westen zwar an einer Destabilisierung des Ostblocks interessiert war und dieses auch zumindest propagandistisch unterstützte, jedoch dann, wenn sich Menschen in den Ostblockstaaten von ihren Regimes zu befreien versuchten, diese im Stich ließ. Einer kriegerischen Auseinandersetzung ging man lieber aus dem Wege. Die im Blockdenken erstarrte nördliche Erd-Halbkugel befand sich im atomaren Patt. Die südliche Erd-Halbkugel musste sich in dieser Zeit mit den Folgen der Kolonialisierung auseinander setzen und spielte in der weltweiten politischen Auseinandersetzung keine aktive Rolle, sondern war allenfalls Spielball der Interessen der Großmächte des Nordens.

Das Wettrüsten zwischen Ost und West musste zwangsläufig früher oder später in eine Situation führen, in der eine Seite nicht mehr mithalten konnte. Dies war ein gefährlicher Moment, weil der Unterliegende versucht sein konnte, eine absolute Entscheidung zu suchen, bevor sein Kräfteverfall allzu offensichtlich werden würde. Das Wettrüsten war ein Vabanquespiel von beiden Seiten.

So weit wir zurückdenken können, haben schon immer einzelne Menschen dem geschichtlichen Ablauf eine andere Richtung gewiesen, die wir im Nachhinein als spezielle Wendepunkte ansehen. Ein solcher Mensch war Michael GORBATSCHOW. Er versuchte sein Land aus der gefährlichen Situation herauszuführen, in die es auch durch die Politik seiner Vorgänger hineingeraten war. Er beendete die Konfrontation mit dem Westen, indem er die ohne eine große Auseinandersetzung nicht mehr haltbaren Positionen aufgab.

Die Folge war, dass sich der gewaltsam zusammengehaltene Ostblock auflöste. Für uns Deutsche ergaben sich daraus der Zusammenbruch der DDR und die Chance der Wiedervereinigung. Der damalige Bundeskanzler Helmut Kohl hat mit der Rückendeckung der USA diese Chance entschlossen - auch gegen Widerstände im westlichen Lager bei Frankreich und Großbritannien - genutzt. Er handelte mit Unterstützung seines Außenministers Genscher außenpolitisch sehr geschickt. Dass er innenpolitisch bei der Umsetzung der Wiedervereinigung erhebliche, bis heute nachwirkende Fehler machte, steht auf einem anderen Blatt.
Wahrscheinlich waren sie in seiner Weltanschauung begründet, dass sich in einer kapitalistischen und marktwirtschaftlich orientierten Wirtschaft alles von selbst regeln würde. Doch die profitorientierten Unternehmer der alten Bundesrepublik machten ihm einen Strich durch die Rechnung. So wurde aus der Konversion der planwirtschaftlich gestalteten DDR-Wirtschaft in eine marktwirtschaftlich orientierte Wirtschaft eine häufig nur zerstörerische Abwicklung auch der funktionierenden und erhaltenswürdigen Betriebe. Dabei stand ihm der CSU Politiker Waigel zur Seite, der als Finanzminister die mit der Abwicklung betraute

Treuhand kontrollierte und bei der Auswahl der Leiterin Birgit Breuel kein sehr glückliches Händchen bewies.

Mit der politischen Entwicklung nicht einverstandene starke Kräfte in der Sowjetunion führten dann jedoch die politische Entmachtung Gorbatschows herbei, so dass er sein eigenes Volk nicht mehr zu neuen Ufern führen konnte.

Dennoch wurden in den ehemaligen Ostblockstaaten mehr oder weniger intensiv Demokratisierungsprozesse eingeleitet. Ob und wo sie zu Ende geführt werden, kann heute nicht eingeschätzt werden. In Russland scheinen diese Prozesse nicht nur zu stocken sondern sogar zurückgenommen zu werden. Allerdings wird schon das Vorhaben, die reichen natürlichen Ressourcen Russlands wie Erdöl und Erdgas dem Zugriff des westlichen "Raubkapitalismus" zu entziehen, als antidemokratisch gewertet. Von den weltweit operierenden Konzernen wird natürlich jede Beschränkung ihres Zugriffs auf Ressourcen, die ihnen horrende Gewinne versprechen würden, als feindlicher Akt begriffen.

Die Verfügungsgewalt über natürliche Ressourcen, welche knapp und deshalb teuer sind, begründet auch politische Macht. Da Russland - insbesondere in Sibirien - über weit mehr unerschlossene Lagerstätten als die USA innerhalb ihres Staatsgebietes verfügt, ist mittelfristig mit einer Machtverschiebung zu rechnen. Schon jetzt sind die Staaten der EU in erheblichem Maße von den russischen Gaslieferungen abhängig, was ihre politische Handlungsfähigkeit einschränkt. Deshalb ist es für Europa auch so wichtig, dass in Russland - möglichst demokratisch legitimierte - politische Kräfte das Sagen haben, welche die aus der wirtschaftlichen Macht resultierende politische Macht nicht missbrauchen.

Eine wirklich demokratische Gesellschaftsform hat sich in Russland bisher noch nicht herausgebildet, was meines Erachtens auch nicht so verwunderlich ist, weil diese dort völlig neu ist. Demokratie muss gelernt und erarbeitet werden, bevor sie zum allgemein akzeptierten Staatsmodell wird. In Deutschland waren dazu mehr als 50 Jahre und zwei verlorene Weltkriege erforderlich. Und ob diese Akzeptanz nur in Schönwetterzeiten gegeben ist, wird sich zeigen, wenn erhebliche wirtschaftliche Schwierigkeiten zu bewältigen sind. Die sozialen Verwerfungen, die in einer kapitalorientierten Weltwirtschaftsform zwangsläufig entstehen, werden dann häufig der demokratisch-pluralistischen Gesellschaftsform angelastet.

Infolge der Entspannung schien es eine zeitlang sogar möglich zu sein, eine neue Weltordnung zu etablieren. Dies erwies sich jedoch sehr bald als Illusion, weil die nunmehr Mächtigsten nicht bereit waren, eigenen Machtverlust zu akzeptieren. Insbesondere die USA haben vielmehr die Situation genutzt, die eigenen Machtpositionen weltweit auszubauen. Sie richteten Militärstützpunkte ein, wo immer dies möglich war und engten den früheren Gegner immer weiter ein.

Dieser muss das als Bedrohung empfinden und reagiert darauf mit militärischer Aufrüstung. Ein neues Wettrüsten hat begonnen, was nur die Rüstungsindustrien mit Befriedigung erfüllen dürfte.
Und an dem Wettrüsten beteiligen sich nicht nur die USA und Russland, sondern alle, die glauben, international politischen Einfluss geltend machen zu müssen. Wenn ich lese, dass die Briten beabsichtigen, 5 Milliarden € aufzuwenden, um zwei neue Flugzeugträger zu bauen und auch die Chinesen und Inder ähnliche Absichten verfolgen, dann kann ich über all diesen Schwachsinn nur den Kopf schüt-

teln! Und im Ernstfall wurde ein kleines taktisches Atom-
bömbchen - mittels einer Rakete ins Ziel gelenkt - genügen,
um all die Milliarden im Meer verschwinden zu lassen. Das
gegenseitige Misstrauen der Mächte wird für diese teuer.
Rüstungs-und Kriegskosten überfordern selbst die reich-
sten, wie man an der Überschuldungssituation der USA
erkennen kann.

Die dafür verschwendeten Geldmittel und Ressourcen werden bei der Bewältigung der tatsächlichen Menschheitsprobleme wie der Überbevölkerung, der Umweltverschmutzung und der Ressourcenverschwendung fehlen.

Eine große Chance wurde vertan.

Die derzeit dennoch bestehende relative Entspannung zwischen den Großmächten sollte aber nicht darüber hinweg-
täuschen, dass die atomaren Waffenpotenziale weiterhin
vorhanden sind und eingesetzt werden könnten. Die Gefahr
eines Einsatzes wächst auch wieder, weil sich der Atom-
waffensperrvertrag immer mehr als unwirksam erweist und
immer mehr Staaten über Atomwaffen verfügen. Auf die
nahe liegende Idee, dass sich alle Staaten dieser Waffen
entledigen, konnten sich die Mächtigen dieser Erde nicht
einigen.

Der Übergang zu demokratischen Staatsformen in Europa
und das Ende des Kolonialismus machten jedoch den Weg
frei für das neue Staatenbündnis der Europäischen Union,
beginnend mit den westeuropäischen Staaten und fortge-
setzt nach dem Zerfall des Ostblocks und dem damit verbundenen Übergang osteuropäischer Staaten zu demokratischen Regierungsformen. Wenn diese Entwicklung auch
noch nicht unumkehrbar zu sein scheint, eröffnet sie doch
die Hoffnung, dass zumindest in Europa die Partikularinter-

essen zunehmend einem Gemeinschaftsinteresse untergeordnet werden. Als Erfolgsmodell könnte die Europäische Union auch ein Vorbild für ähnliche Bestrebungen in anderen Weltgegenden werden.

Derzeit habe ich jedoch den Eindruck, dass wegen des Fehlens eines gemeinsamen geistigen Überbaus die Auseinandersetzungen in der Welt eher wieder zunehmen. Es gibt Kriege zwischen Staaten, Kriege innerhalb von Staaten (Bürgerkriege) und Kriege, die in der Form von Terrorismus ausgetragen werden.

Gründe dafür sind zum einen die Sicherung von Ressourcen wie zum Beispiel des knapp werdenden Erdöls. Davon betroffen ist insbesondere der Nahe Osten, dessen Ölreserven insbesondere Nordamerika und Europa verfügbar bleiben sollen. Wenn Regierungen beziehungsweise Staatschefs - wie beispielsweise Hussein im Irak - deren freie Verfügbarkeit bedrohen, kommt es zum Einsatz militärischer Kräfte. Zur Bemäntelung der tatsächlichen Absichten werden dann Nachrichten erfunden oder gefälscht, wobei nicht immer klar ist, ob die zuliefernden Geheimdienste im vorauseilenden Gehorsam handeln oder ob sie ihrerseits ihre Regierungen - in wessen Interesse auch immer - zu lancieren versuchen.

Ein weiterer Grund ist die Sicherung von Absatzmärkten. Wesentliche Beschränkungen des freien Welthandels können die hoch entwickelten, exportorientierten Industriestaaten nicht hinnehmen, weil dadurch der Lebensstandard in diesen Staaten massiv gefährdet werden würde.

Weitere Kriegsgründe entstehen durch die Ausbreitung beziehungsweise die Verteidigung von gesellschaftlichen und/oder religiösen Ideologien. Wobei diese Kriege häufig nur der Mantel sind für die Kämpfe um Ressourcen und Absatzmärkte aber auch um die Verteilung des Wohlstands.

Auch bei den häufigen Kriegen innerhalb von Staaten, den Bürgerkriegen, sind dieselben Gründe zu finden. Davon betroffen sind insbesondere die aus dem Kolonialismus entlassenen Staaten Asiens und Afrikas, in denen sich noch nicht eine ausgewogene Machtverteilung der dort lebenden Völker und Stämme herausgebildet hat. Die dort jeweils Herrschenden scheinen oft auch ihre Staaten als eine Art Selbstbedienungsladen anzusehen, was naturgemäß den Widerstand der Betrogenen hervorruft.

Durch die Gründung der "Vereinten Nationen" sollten Instrumente geschaffen werden, mit denen Konflikte friedlich gelöst werden könnten. Jedoch sind diese nur sehr begrenzt wirksam.

Die "Vereinten Nationen" verfügen über keine eigenen Einnahmen etwa durch die Erhebung von Steuern und keine eigenen Machtmittel wie zum Beispiel Polizei oder militärische Einheiten. Sie sind deshalb vom Wohlwollen der ihnen angehörenden Staaten abhängig und es läuft dort nichts gegen den Willen der Großmächte, die im Sicherheitsrat jede Aktion durch ihr Veto verhindern können oder die durch die Nichtzahlung von Beiträgen die Arbeit der "Vereinten Nationen" behindern können.

So muss ich feststellen, dass sich seit 70 Jahren an den Methoden der Konfliktbewältigung eigentlich nicht viel verändert hat. Es haben sich zwar politische Gewichte verschoben, weil sich neue Großmächte wie China und Indien in der Weltpolitik etablieren, doch ein Fortschritt in Richtung zur Formulierung einer gemeinsamen Weltinteressenlage ist nicht erkennbar. Das ganze politische Bemühen zielt auf ein Austarieren der Partikularinteressen mit eindeutigen Vorteilen für die Mächtigen. Und die neu auf die Weltbühne getretenen Großmächte bedienen sich für die Wahrnehmung ihrer Interessen der gleichen Instrumente wie die vorhandenen Großmächte - ein wirklicher, der gesamten Menschheit dienlicher Fortschritt ist für mich nicht erkennbar.

Das Handeln der mächtigen Staatsmänner unterliegt noch immer kaum einer internationalen Kontrolle. Sie müssen keine Sanktionen befürchten, wenn sie Kriege beginnen oder ganze Völker umbringen lassen - es sei denn, sie verlieren Kriege.

Der Präzedenzfall war der Nürnberger Prozess, in welchem Staatsmänner, Generäle, hohe Staatsbeamte usw. des Naziregimes für ihre verbrecherischen Handlungen belangt wurden. Der darin zum Ausdruck kommende Wille, auch politische Handlungen dem Recht und der Moral zu unterwerfen, wurde aber zur selben Zeit dadurch konterkariert, dass sowohl von den USA als auch von der Sowjetunion durch Handlungen in der NS-Zeit belastete Wissenschaftler für eigene Ziele herangezogen wurden, ohne dass sie zur Rechenschaft gezogen wurden. Auch blieben die Kriegsverbrechen der Siegermächte ungenannt und ungeahndet.

Zurzeit ist ein von der UN eingesetzter Internationaler Gerichtshof aktiv, der die Verbrechen während des jugoslawischen Bürgerkrieges ahnden soll.

In anderen Fällen - wie im Irak - überlässt man die Aburteilung lieber nationalen Gerichten; denn man hat ja vorher mit den heute Belangten trotz ihrer Verbrechen lange zusammengearbeitet. Es wäre peinlich, wenn Angeklagte vor

internationalen Gerichten über ihre früheren Beziehungen
zu den Mächten aussagen würden, die ihnen heute als Gegner gegenüberstehen.
Und was wäre, wenn vor einem internationalen Gericht
Fragen der Kriegsschuld erörtert werden würden? Wie würden dann einige der großen Staatenlenker dastehen? Was
wäre, wenn dieses Gericht zu der Erkenntnis käme, dass
der US Präsident Bush und der britische Premierminister
Blair die Gründe für den Ausbruch des Irak Krieges manipuliert haben?

Doch keine Sorge. Die Staatslenker der wegen ihres Waf-
fenpotenzials nahezu unangreifbaren Großmächte müssen
persönliche internationale Sanktionen nicht befürchten. Sie
können so lange alles tun und lassen, wie sie ihre eigenen
Staatsbürger von der Notwendigkeit ihres Handelns überzeugen können. Und um dieses zu erreichen, wird ge-
täuscht und gelogen.

Immerhin signalisiert das Bestreben, internationale Gerichte
zu etablieren, dass das Fehlen einer von allen gemeinsam
getragenen Weltordnung als Manko begriffen wird.

Denn das Fehlen einer gemeinsam erarbeiteten und von
allen getragenen ethischen Weltordnung, deren Einhaltung
nötigenfalls auch durchgesetzt wird, wird der derzeitigen
Situation der Menschheit nicht gerecht. Die allgemeine
Globalisierung und zwar nicht nur das Welthandels bedürfen einer ethischen Weltordnung als einem Orientierungs-
rahmen des politischen und wirtschaftlichen Handelns.

Dabei kommt insbesondere der Gestaltung einer Sozialord-
nung besondere Bedeutung zu, durch die der Kapitalismus
gezügelt und den Interessen aller Menschen und nicht nur
denen der "Share-Holder" verpflichtet wird. Es kann doch

nicht sein, dass die Behandlung dieser Fragen nur der Organisation "Attac" wichtig ist. Gerade auf diesem Gebiet besteht ein ungeheurer Handlungsbedarf. Die Machtverteilung zwischen den Profiteuren der derzeitigen Ordnung und der großen Anzahl der Benachteiligten lässt jedoch baldige Veränderungen nicht erwarten!

Demokratie, für welche die Prinzipien der Gewaltenteilung elementar sind, muss sicher eine tragende Säule einer Weltordnung sein - allein schon deshalb, weil durch sie geordnete und gewaltfreie Machtwechsel vorgesehen sind.

Ein wesentliches Merkmal der Demokratie ist auch der Kompromiss. Verschiedene, oft divergierende Interessen müssen gegeneinander abgewogen und so zum Ausgleich gebracht werden, dass die beteiligten Kräfte damit leben können. Demokratisches Handeln setzt deshalb auch voraus, dass eigene Ansprüche zu Berücksichtigung der Interessen anderer zurückgenommen werden. Ein gewisser Altruismus ist also erforderlich, wenn der Verzicht nicht zur Frustration führen soll. Dieses hat durchaus erzieherische Wirkung und könnte bei der Entwicklung einer gemeinsamen von allen getragenen und akzeptierten Weltordnung nützlich sein.

Geld regiert die Welt!

Dieses plakative Sprichwort ist insofern richtig, als diejenigen, die über große Kapitalmengen verfügen, damit Macht ausüben können. Man kann politische Macht auch daran messen, wie viel Geld einer politischen Organisation wie Staaten oder Staatsverbindungen zur Verfügung steht. Und dieses muss aufgrund eigener Entscheidung - beispielsweise durch Erhebung von Steuern - gewonnen werden können. Solange also internationale Organisationen wie zum

Beispiel die "Vereinten Nationen" von Beitragszahlungen abhängig sind, die ihnen freiwillig zugeführt werden aber auch nach dem Ermessen der Beitragszahler entzogen werden können, verfügen sie über keine eigenständige Macht.

Diese Ohnmacht ist genau das, was die Großmächte offenbar wollen. Es ist nicht erkennbar, dass sich dieser Zustand in Zukunft irgendwann ändern könnte; es sei denn, die Probleme der Menschheit werden so groß, dass die Stärkung einer weltumfassenden politischen Kraft als einzige Alternative verbleibt. So wie ich die Lage einschätze, sind wir davon nicht mehr allzu weit entfernt.

Die Weltpolitik war also in den ersten 10 Jahren meines Lebens von der Auseinandersetzung zwischen den Kriegsparteien des Zweiten Weltkrieges bestimmt. Sie endete mit der totalen Niederlage der so genannten Achsenmächte Deutschland - Italien - Japan. Dies bedeutete zunächst ein Leben in Ruinen, mit Hunger und in Armut.

Doch die Auseinandersetzung mit dem faschistischen Totalitarismus wurde bald überlagert von der ideologischen Auseinandersetzung zwischen den kommunistischen und den kapitalistischen Staaten.

Das von den Siegermächten geteilte Deutschland wurde bald zum Aufmarschgebiet für die Armeen des Ostens und des Westens. Und beide Teile Deutschlands hatten auch ihren militärischen Beitrag zu leisten. Und dieser Zustand hielt 40 Jahre an. In dieser Zeit war die gesamte Weltpolitik weitgehend von diesem Konflikt bestimmt.

Der während dieser Zeit betriebene, Ressource verschlingende Rüstungswettlauf endete mit dem Zusammenbruch der Sowjetunion, die nicht mithalten konnte und die Rüstungsanstrengungen mit niedrigem Lebensstandard bezahlte und zwar ebenso wie die mit ihr verbundenen Ostblockstaaten.

Dennoch trauern viele ehemalige Bürger der Ostblockstaaten der kommunistischen Staatsform nach. Sie haben die auf niedrigem Niveau „gesicherten" Lebensbedingungen gegen die unsicheren Verhältnisse in einer kapitalorientierten Wirtschaftsform eingetauscht, in der Arbeitslosigkeit und Armut eine hingenommene Erscheinungsform ist. Diese Nachteile der kapitalorientierten Wirtschaftsform werden als naturgegeben hingenommen. das müsste nicht so sein, wenn diejenigen, die über Vermögen und Einkommen verfügen, solidarischer handeln würden.
In Staaten mit einer kapitalorientierten Wirtschaftsform ist Solidarität jedoch ein Fremdwort. Für die "durch die Roste Gefallenen" - die Arbeitslosen, die Rentner, die Minderbefähigten etc. - wird gerade so viel getan, dass deren Armut nicht zum Ärgernis führt.
Und die Bundesrepublik Deutschland steht dabei oben an. 20 von 27 Staaten der EU haben staatlich geregelte Mindestlöhne eingeführt - Deutschland gehört nicht dazu.
Auch Veränderungen des Arbeitsmarktes führen zu Benachteiligungen der Arbeitnehmer. Die Zunahme von Mini-Jobs (bis 400 EUR), Midi-Jobs (von 400 bis 800 EUR) und Leiharbeitsverhältnissen führen zu Niedrigeinkommen, die auch die Rentenhöhe beeinflussen werden.

In der kapitalistischen Welt gibt es keine Regeln für eine gerechte Verteilung des erwirtschafteten Bruttosozialprodukts.
Arbeitnehmer können nur versuchen, einen angemessenen Anteil durch Streiks zu erzwingen. In Deutschland ist ihnen dieses Recht seit 1949 verfassungsmäßig garantiert. Je-

doch ist die Wirksamkeit dieses Kampfmittels vom Organisationsgrad der Arbeitnehmer in Gewerkschaften und von der Größe der Betriebe abhängig - in kleinen Betrieben wird der Arbeitgeber immer einen Grund finden, einen aufmüpfigen Mitarbeiter zu entlassen.

Und wer kämpft für Arbeitslose, für Rentner, Beamte und Pensionäre und hilfsbedürftige Gruppen? Diese sind von den Entscheidungen des Parlaments abhängig, wo die weltanschauliche Ausrichtung der Parteien und deren Gewicht im Parlament ausschlaggebend sind.

In der heutigen Gesellschaft müssen die divergierenden Interessen der verschiedenen Gruppen immer wieder austariert werden. Darauf, dass dieses gerecht geschieht, haben die Parlamente erheblichen Einfluss. Eine demokratisch gegründete Zusammensetzung des Parlaments ist dafür wichtig. Aber auch ein Verantwortungsgefühl der Parlamentarier für Minderheiten und deren Rechte in einer solidarischen Gesellschaft.

Jedoch beschränkt sich der demokratische Einfluss auf die Wirtschaft auf das Setzen von Rahmenbedingungen - die Wirtschaft an sich agiert undemokratisch und an den Profitinteressen der einzelnen Unternehmen ausgerichtet. Betriebswirtschaftliche Interessen stehen für die Betriebe vor dem volkswirtschaftlichen Interessen. Es ist Aufgabe demokratisch legitimierter Parlamente auch für die Berücksichtigung volkswirtschaftlicher Zielsetzungen und für eine gerechte Verteilung des Bruttosozialprodukts zu sorgen. Dies gelingt aber nur ansatzweise, weil die Strukturen unserer Wirtschaftsverfassung mehr verhindern.

Nach 1990 waren die USA die dominierende Supermacht, welche mit überlegener Militärtechnik und aufgrund ihrer ungeheuren Wirtschaftsmacht im Stande war, die Weltpolitik nach ihren Vorstellungen zu gestalten.

Sie hätten zu einem alles bestimmenden Ordnungsfaktor werden können, wenn sie nicht nur ihre eigenen Interessen sondern die der ganzen Welt zum Inhalt ihrer Politik gemacht hätten. Sie haben insoweit leider versagt, weil sie ihre Überlegenheit nur dazu benutzt haben, ihre Positionen in der Welt zur Sicherung ihrer eigenen Interessen auszubauen.

Jeder, der den Interessen der USA zuwiderhandelte, musste mit deren Sanktionen rechnen und sich deshalb bedroht fühlen. Die Folge war und ist das Aufrechterhalten atomaren Drohpotenzials beziehungsweise der Versuch ein solches aufzubauen, was wiederum zur Erhöhung der Spannungen führt.

Ob die letzten Präsidentschaftswahlen in den USA mit dem Sieg des Kandidaten Obama zu einer wirklich anderen Politik führen werden, bleibt abzuwarten.
Erneut begannen Rüstungswettläufe, in denen Kräfte und Ressourcen vergeudet werden, die für wichtigere Aufgaben wie der Sicherung der Ernährungsbasis und dem Schutz der und Umwelt dringend benötigt werden.

Wer über relativ geringe Geldmittel verfügt, hat keine Chance im Rüstungswettlauf eine schützende Position aufzubauen. Er bleibt ein Spielball im Kräftespiel der Großen und über seine Interessen wird hinweggegangen.
Diejenigen, die das nicht hinnehmen wollen, suchen dann andere Aktionsformen, mit denen sie die Großen attackieren können - und die Möglichkeiten dazu sind sehr vielfältig und können sehr destabilisierend wirken. Diese Aktionsformen werden als Terrorismus etikettiert - wobei ein beleidig-

ter Unterton darüber herauszuhören ist, dass diese Habenichtse die militärischen Spielregeln nicht einhalten. Was nützen denn Hightech Armeen, wenn die Gegner sich gar nicht zeigen, sondern sich in der mit ihnen sympathisierenden Zivilbevölkerung verstecken? Dann wird der ganze großartige Militäraufmarsch zur Geste der Ohnmacht.

Es ist zu befürchten, dass derartige terroristische Aktionen immer mehr zunehmen werden, wenn die Lebensverhältnisse der Menschen auf dieser Welt sich weiter stark auseinander entwickeln.

Anstatt aber sich den tatsächlichen Ursachen der Konflikte zuzuwenden und in einer von allen getragenen Weltordnung nach Lösungen zu suchen, verharren die Menschen in ihrer egozentrischen Sichtweise und suchen nur den eigenen Vorteil zu sichern. Das lässt für die Zukunft nichts Gutes erwarten!

Aber vielleicht liegt es im Sinne der Evolution, dass sich die Menschen so lange gegenseitig umbringen, bis nur diejenigen übrig bleiben, die gelernt haben, dass nur gemeinsam die Menschheitsprobleme gelöst werden können.

Ich habe während meiner Lebenszeit das Leben in einer kapitalorientierten Wirtschaft kennen gelernt und aus nächster Nähe das Funktionieren einer staatlich gelenkten Wirtschaft beobachten können.

Vergleichend konnte ich feststellen, dass eine kapitalorientierte Wirtschaft (häufig auch als freie Wirtschaft bezeichnet) mit seiner Anpassungsfähigkeit viel stärker der Dynamik des menschlichen Lebens gerecht werden kann. Eine vom Staat geplante Wirtschaft wirkt demgegenüber unflexibel und starr. In einer Welt, in der beide Systeme miteinander konkurrieren, wird ihre vergleichsweise geringe Anpassungsfähigkeit zum ausschlaggebenden Nachteil. In einer evolutionären Lebenswelt - in der wir ja, wie in anderen Teilen dieser Schrift dargelegt, leben - ist diese Wirtschaftsform zum Untergang verdammt.

So ist es ja dann auch geschehen. Nicht weil sie vom Ansatz her völlig falsch gewesen wäre; denn sie hatte die Deckung des tatsächlichen Bedarfs der Menschen zum Ziele und strebte nicht - wie die kapitalistische Wirtschaft - die künstliche Erzeugung von Bedürfnissen an, nur um neue Felder für die Kapitalvermehrung zu schaffen. Ihr Fehler war die mangelnde Anpassungsfähigkeit. In der menschlichen Welt ist wie in der gesamten Schöpfung nichts statisch sondern alles in einem weiter voranschreitenden Entwicklungsprozess. Wer nicht mitgeht, bleibt zurück und verliert den Anschluss.

Aber auch die zurzeit die Weltwirtschaft bestimmende kapitalorientierte Wirtschaftsform hat große Mängel, welche unbedingt abgestellt werden müssten.

Eigentlich ist ja die Grundidee des Liberalismus - der ideologischen Grundlage des Kapitalismus -, dass sich in einer von allen Restriktionen befreiten Weltwirtschaft alles nach dem Prinzip von Angebot und Nachfrage von selbst regelt und ordnet, ein evolutionäres Denken.
Jedoch ist in der Evolution alles ein Versuch, der sich zumeist als untauglich erweist und damit untergeht. Nur wenige Versuche führen letztendlich weiter. Das Scheitern und damit die Eliminierung sind impliziert. Und so wird auch eine kapitalorientierte Weltwirtschaft immer wieder von Krisen heimgesucht, wie beispielsweise zurzeit durch die internationale Finanzkrise.

Betrachtet man dagegen die Ideologie des uneingeschränkten Liberalismus aus dem Blickwinkel der Arterhaltung - der ebenfalls ein elementares Prinzip der Evolution ist -, so wird deutlich, dass sich das Evolutionäre im Liberalismus nur auf einen Kampf von Menschen gegen Menschen - also innerhalb der eigenen Art - bezieht. Nicht die Arterhaltung sondern die Überwindung von Konkurrenten der eigenen Art ist also der Inhalt. Sie ist damit im Prinzip menschenfeindlich. Das Interesse des Individuums oder individuellen sozialen Gruppe wird über das Gesamtinteresse gestellt. Freiheit wird im Liberalismus als das Recht des Individuums interpretiert, alles tun und lassen zu können, was dem Individuum nützt. Wenn andere in diesem Wettbewerb unterliegen, so haben diese eben versagt oder sie sind das Opfer eines ungünstigen Schicksals. Dass der größere Teil der derzeit lebenden Menschen überhaupt gar nicht die Chance erhält, an dem Wettbewerb teilzunehmen, wird dabei geflissentlich übersehen.

Um nicht menschenfeindlich auszuufern, muss wirtschaftliches Handeln kontrolliert und nötigenfalls gelenkt oder sogar unterbunden werden. Dazu bedarf es aber wiederum eines weltweit geltenden, demokratisch erarbeiteten Zielkatalogs oder besser Handlungsrahmens, der dann auch durchgesetzt werden muss. Ob dieses allein mit internationalen Verträgen und Vereinbarungen erreicht werden kann, wie es heutzutage versucht wird, muss aufgrund der ebenfalls sichtbaren Ergebnisse bezweifelt werden. Die nationalen Egoismen sind meist größer als die Rücksichtnahme auf die Gesamtinteressen.

Im Gegensatz zur Politik hat sich die Wirtschaft auch international sehr stark vernetzt und kann sich damit nationalen Einflüssen entziehen und widersetzen. Sie übt damit Macht aus, die nicht demokratisch kontrolliert wird. Politiker der nationalen Ebene sind deshalb häufig nicht nur nicht willens sondern auch gar nicht in der Lage, wirtschaftliche Entscheidungen zu beeinflussen. Eher ist das Gegenteil der Fall.

Hinzu kommt, dass es für Spitzenpolitiker weder charakterliche noch bildungsmäßige Mindestanforderungen gibt. Einerseits scheinen sich nur diejenigen in der politischen Selektion durchzusetzen, die über den größten Machtwillen und auch eine gewisse Skrupellosigkeit verfügen. Das kann dann dazu führen, dass sich - wie z.B. Hitler oder Stalin - Menschen mit großen charakterlichen Defekten - wenn nicht sogar krankhaften Veränderungen - durchsetzen, die dann ganze Völker unterdrücken und in ein Desasters führen.
Man kann sich aber auch nicht des Eindrucks erwehren, dass Politiker häufig gar nicht über das geistige Rüstzeug verfügen, dass sie eigentlich für die Bewältigung ihrer doch hochkomplexen Aufgaben haben sollten.

Andererseits ist auch - insbesondere in demokratischen Systemen - der Einsatz großer Geldmittel notwendig, um die Wählerschaft für sich selbst zu beeinflussen. Dann sind Sponsoren gefragt, die selbstverständlich ihre Unterstützung irgendwann honoriert haben wollen. Ob sich Politiker dann ihre Neutralität und Unabhängigkeit bei zu treffenden Entscheidungen bewahren können, kann wohl zumindest gefragt werden. Und die große Masse der Bevölkerung gehört wohl sicher nicht zu den Sponsoren. , Sie verfügt gar nicht über die großen Geldmittel, welche für die sogenannte Lobbyarbeit erforderlich sind.
Bei dieser Sachlage ist es wohl unwahrscheinlich, dass sich in der Weltpolitik genug weitsichtige und auch zum Verzicht auf nationale Interessen bereite Staatsmänner finden werden, welche die derzeitige Misere in der politischen und

wirtschaftlichen Organisation auf unserem Planeten beseitigen könnten.

Ich kann heute also nur feststellen, dass sich in meiner Lebenszeit keine internationale politische Ordnung herausgebildet hat, wie sie zur Zukunftssicherung der Menschheit erforderlich wäre.

Allerdings erzeugt die sich abzeichnende katastrophale Entwicklung immer mehr Unruhe bei den Menschen und es bleibt abzuwarten, wohin dieses führen wird. Werden die Menschen sich gegenseitig umbringen, nur um ihre eigensüchtigen Interessen zu bewahren, oder werden sie sich im Interesse einer lebensfähigen Weltgemeinschaft zum Verzicht auf Privilegien bereit finden?

6.2 die Bevölkerungsexplosion

Während meiner bisherigen Lebenszeit hat sich die Zahl der Weltbevölkerung mehr als verdreifacht, das heißt dass die Weltbevölkerung innerhalb von 70 Jahren von circa 2 Milliarden auf bis heute 6,6 Milliarden Menschen angewachsen ist. Und dieses ist das Hauptproblem, welches unsere zukünftige Existenz infrage stellt. Menschen wollen wohnen, essen, trinken, reisen. Sie verbrauchen dabei Ressourcen und sie erzeugen unmittelbar oder mittelbar Abfälle und Abgase jeglicher Art. Dass ihnen zur Verfügung stehende Reservoir ist unser Planeten Erde und das darauf entstandene Leben. Damit gibt es Grenzen für die Inanspruchnahme und wenn wir diese überschreiten, entziehen wir uns die Existenzgrundlagen.

Für Deutschland trifft das hinsichtlich des Bevölkerungswachstums zwar so nicht zu, wie nachfolgende Zahlen zeigen:

Deutsches Reich	1914	67,8	Mio. Menschen
Deutsches Reich	1933	65,3	Mio. Menschen
Deutschland	1946	64,9	Mio. Menschen
Deutschland (BRD und DDR)	1970	77,7	Mio. Menschen
Bundesrepublik Deutschland	2001	82,4	Mio. Menschen

Diese Zahlen machen jedoch nicht deutlich, welche enormen Wanderungsbewegungen nach 1945 stattgefunden haben. Von den 16,6 Millionen Menschen der deutschen Ostbevölkerung kamen 11,7 Millionen durch Flucht und Vertreibung in das verbliebene Restdeutschland, über 2 Millionen kamen während der Flucht und Vertreibung ums Leben, von den 2,6 Millionen, die in ihrer Heimat geblieben waren, kamen noch viele in einem bis heute andauernden Zuwanderungsprozess.

Eine weitere Wanderungsbewegung entstand dadurch, dass von den 18,4 Millionen Menschen die 1950 in der DDR lebten, etwa 2 Millionen in den Westen flüchteten.

In der Bevölkerungszahl von 2001 sind circa 7,5 Millionen Ausländer enthalten, die in Deutschland gemeldet sind. Das entspricht einem Bevölkerungsanteil von circa 9%. Die Verteilung auf die einzelnen Bundesländer ist sehr unterschiedlich, den höchsten Ausländeranteil hat Berlin mit etwa 14%.

Die Wanderungsbewegungen in Deutschland und die Zuwanderung haben erhebliche Auswirkungen auf die Bevölkerungsdichte in den einzelnen Regionen gehabt.

Die mittlere Bevölkerungsdichte in Deutschland beträgt 230 Einwohner pro/qkm; im Bereich der gesamten EU dagegen nur 116. Auch die Verteilung auf die einzelnen Bundesländer ist sehr unterschiedlich. Natürlich haben die Stadtstaaten wie Berlin mit 3800 Einwohnern pro/qkm sehr viel mehr Einwohner als die Flächenländer. Von den Flächenländern ist Nordrhein-Westfalen mit 530 Einwohnern pro/qkm das am dichtesten besiedelten und Mecklenburg-Vorpommern mit 74 Einwohnern pro/qkm das am geringsten besiedelte Bundesland. Die westlichen Bundesländer haben im Laufe der Jahrzehnte eine viel höhere Bevölkerungsdichte erreicht, während in den östlichen Bundesländern eher eine Entvölkerung stattgefunden hat, die zurzeit noch anhält.

Wenn ich durch Deutschland reise, dann habe ich immer wieder den Eindruck durch ganz verschiedene Länder zu fahren, soweit es die Bevölkerungsdichte betrifft. In vielen Gegenden gehen die Siedlungen ineinander über; nur die Ortschilder lassen erkennen, dass man von einem Ort in den nächsten gelangt. Ganz ausgeprägt ist dieses in dem riesigen Siedlungsgebiet Nordrhein-Westfalens im Ruhrgebiet. Dagegen ist die Siedlungsdichte in Mecklenburg-Vorpommern und in Brandenburg vergleichsweise gering. Hier hat man noch das Gefühl, dass die Natur das Maß der Dinge ist und der Mensch in ihr und mit ihr lebt.

In den Gebieten hoher Siedlungsdichte scheint mir dagegen der Kontakt zur Natur gering zu sein, ohne dass die Menschen dieses als großartigen Verlust empfinden. Sie scheinen vielmehr die Zusammenrottung insbesondere auch in den großen Städten als angenehm und in jeder

Weise als existenzsichernd zu empfinden. Nicht umsonst sollen bereits mehr als die Hälfte der Weltbevölkerung in Städten leben.

Die eigenen, naturunabhängigen Lebensweisen scheinen bei den Menschen den Wahn zu erzeugen, dass sie die Natur nicht brauchen, die ganze Schöpfung außerhalb des Menschen also überflüssig ist. Sie werden von der Natur eines Besseren belehrt werden.

Deutschland gehört zu den weltweit am dichtesten besiedelten Staaten. Höhere Siedlungsdichte erreichen nur die Staaten südlich des Himalajas wie Indien und Bangladesch oder aber auch Vietnam, Korea und Japan, wo Siedlungsdichten von weit über 1000 Einwohnern pro/qkm erreicht werden.

Nun macht Deutschland mit seinem Anteil von circa 1,25% an der Weltbevölkerung nicht viel aus. Ob hier 20 Millionen Menschen mehr oder weniger leben, ist für die Entwicklung der Menschheit wenig relevant. Es stellt sich nur die Frage, ob das Leben in Deutschland mit einer geringeren Bevölkerungszahl nicht angenehmer wäre und zur Lösung von Umweltproblemen wesentlich beitragen könnte. Und das kann man wohl unterstellen.

Ein Bevölkerungsrückgang wäre also keine Katastrophe. Nur sind unsere ganzen Systeme - angefangen von unserem Wirtschaftssystem bis zu unseren Sozialsystemen - auf permanenten Zuwachs ausgerichtet. Das Jammern ist also groß, weil Bevölkerungsstatistiker wegen der geringen Geburtenzahl einen Bevölkerungsrückgang prognostizieren.

Diese mangelnde Anpassungsfähigkeit ist ein Systemfehler, der nicht nur Deutschland sondern im Grunde sehr viele

Staaten dieser Welt betrifft. So wird der Bevölkerungszuwachs als Motor für eine Sicherung oder sogar Steigerung des Lebensstandards angesehen. Dies mag ja bei einer selektiven Betrachtungsweise durchaus zutreffen, führt aber bei einer weltweiten Betrachtungsweise in die Katastrophe. Die zunehmende Verknappung und damit Verteuerung der von den Menschen benötigten Ressourcen, die zunehmende Umweltvergiftung, der Abbau der uns schützenden Ozonschicht, das anwachsende Artensterben in der Natur sind unverkennbare Warnsignale.

Niemand kann voraussagen, wann bei einer Weiterentwicklung in der derzeit bestehenden Richtung der kritische Punkt erreicht sein wird, an dem die weitere Existenz der Menschheit fraglich wird. Umso mehr wäre es wichtig, den sich abzeichnenden Gefahren entschlossen entgegenzutreten.

Doch wiederum ist zu konstatieren, dass die politische Ordnung auf unserem Planeten hierfür völlig unzureichend ist. Die Versuche, in internationalen Konferenzen Wege aus dem Dilemma zu finden, gleichen dem Versuch mit einem Teelöffel einen See auszulöffeln - zumal die Hauptverursacher der Probleme häufig nicht einmal zur Teilnahme bereit sind. Der Egoismus und die Selbstsucht sind meist größer als die Vernunft. Die Regierungen werden getrieben von der kapitalorientierten Wirtschaft, die immer nur mehr und mehr an Wachstum verlangt, weil sie sonst in der weltweit betriebenen kapitalistischen Wirtschaftsordnung untergehen würde.

Noch ist nicht erkennbar, dass an einer problemadäquaten Struktur der politischen und auch der wirtschaftlichen Ordnung dieser Welt gearbeitet werden würde. Wahrscheinlich wird man erst dann damit beginnen, wenn die krisenhaften

Entwicklungen dieses unausweichlich machen. Ob es dann nicht bereits zu spät ist, weiß niemand. Doch eines kann man voraussagen, je länger man wartet, umso größer werden die Einschnitte sein müssen.

Im Rückblick auf mein Leben kann ich aussagen, dass ausgehend von den Bedrängnissen der Kriegs und der Nachkriegszeit sich meine Lebensverhältnisse - trotz aller politischen Widernisse - stetig verbessert haben. Es waren Zeiten ohne persönliche Not und ohne Krieg. Ich konnte die Ergebnisse der technischen Entwicklung genießen, häufig und zum Teil sogar weit reisen. Mein Lebensgefühl war dadurch durchaus positiv und die Erwartungen auf eine angenehme Zukunft schienen durchaus berechtigt.

Doch in diesem hellen Bild werden jetzt die Schatten immer größer. Schien es mir früher, dass die Erde und die sich darauf entwickelte Natur ein unerschöpfliches Reservoir für die Menschen darstellten, das nur erschlossen werden müsste, so muss ich heute leider feststellen, dass wir die Grenzen einer straflosen Nutzbarkeit längst erreicht und vielfach sogar überschritten haben. Wir Menschen sind nicht mehr eine aufs höchste an unsere Umwelt angepasste Spezies, sondern wir sind für die Umwelt zur Gefahr geworden. So etwas ist in der Schöpfungsgeschichte nie ungestraft geblieben.

Für mich persönlich werden die künftigen Entwicklungen vermutlich keine große Relevanz mehr haben, außer dass mein Lebensstandard wegen der Verteuerung aller von mir benötigten Waren und Dienstleistungen permanent sinkt. Jedoch ich habe Kinder und Kindeskinder und würde mir wünschen, dass auch sie ein lebenswertes Leben führen können. Deshalb ist es mir nicht gleichgültig, wenn alle Anzeichen darauf hindeuten, dass für die Menschen schwere Zeiten anbrechen.

Es erfüllt mich mit Wut, zu sehen, wie alle Ansätze zum Umsteuern aus Selbstsucht, Gewinnsucht und Ignoranz zunichte gemacht werden. Machterhaltung und Sicherung der eigenen Privilegien haben stets den Vorrang vor den Gesamtinteressen der Menschheit. Politiker, die ja wieder gewählt werden wollen, zeichnen stets ein rosiges Bild unserer Existenz und unsere Zukunft, wohl wissend, dass unser Leben längst zu einem Balanceakt am Rande des Abgrunds geworden ist. Die Wahrheit würden wir Wähler ihnen nicht verzeihen und sie bei einer nächsten Wahlentscheidung abstrafen. Aber vielleicht sind wir Wähler gar nicht so dumm, sondern begreifen, dass einschneidende Veränderungen notwendig sind. Man muss uns von den Handlungszwängen nur überzeugen und wir erwarten, dass Belastungen gerecht verteilt werden.

Im Bewusstsein meiner eigenen Ohnmacht schreibe ich dieses nieder - in der Hoffnung, dass gleichsam wie in der Chaostheorie ein Luftzug der Anfang eines Orkans sein kann.

Fangt endlich an, eine politische Weltordnung zu schaffen, in der die Organisation und die Mittel vorhanden sind, das Bevölkerungswachstum nicht nur zu stoppen, sondern auch die Zahl der Menschen auf dieser Erde auf ein für die Schöpfung erträgliches Maß zurückzuführen. Zukünftige Generationen würden es euch danken und eure Weisheit preisen.

6.3 die technische Entwicklung

1946/1947 - ich war 10 bis 11 Jahre alt - arbeitete mein Vater in einem der wenigen, unzerstört gebliebenen Gebäude im Zentrum der Stadt Berlin. Wir hatten den Krieg, was mitunter nicht ganz sicher war, überlebt. Ohne Schuld, dass Deutsche und insbesondere ein Österreicher namens Hitler, ein verklemmter, vom Wahn besessener und völlig amoralischer Mensch mit seinen ebenso amoralischen Helfern einen Weltkrieg begonnen und große Teile Europas terrorisiert hatten, mussten wir den als Antwort gegebenen Kriegsterror der Gegner - der genauso schonungslos und bösartig war - über uns ergehen lassen. Wir waren, wie man es heute zu bezeichnen pflegt, der Kollatoralschaden.

Nun fanden wir uns wieder in einer Ruinenlandschaft, hungrig und besaßen nur das Notdürftigste. Ich hatte an jenem Tag meinen Vater abgeholt und wir liefen - man musste mangels Verkehrsmitteln damals ohnehin viel laufen - durch die zerbombte Innenstadt. Als ich meinen Vater fragte, wann denn das alles wieder aufgebaut sein würde, und er zögernd antwortete "vielleicht in 50 Jahren" wurde mir bewusst, wie viel Zeit - auch meiner Lebenszeit - vergehen würde, bis wieder völlig normale Verhältnisse eingetreten wären. Dennoch, wir waren keineswegs unglücklich. Wir kamen mit wenigem aus und vermissten keineswegs den gesamten Luxus und technischen Schnickschnack, der heutzutage unser Leben bestimmt.

Für eine junge, neue Generation, die ins Leben tritt, besteht die Welt immer aus dem, was sie vorfindet. So ist es von der Evolution gewollt. So gelingt die situative Anpassung am leichtesten. Vergangenheit ist Erzählung aber keine eigene Erfahrung. So ist alles, was sie vorfindet die Normalität. So erging es auch mir, denn mir fehlte weder das, was vor dem Krieg vorhanden war, noch das, was die Zukunft bringen würde, denn das kannte ich ja nicht. So ergeht es auch den heutigen Generationen - eine Welt mit nur 2 Milliarden Menschen und einer technischen Umwelt ohne Computer, Fernseher, Weltraumfahrt aber auch ohne Staus auf den Autobahnen kann sie sich nicht vorstellen.

Nach einer langen Lebenszeit verfügt man jedoch über Vergleichsdaten. Man kann abschätzen: wie war es damals und wie ist es heute. Und man kann bewerten, was hat es gebracht und was erweist sich als Fehlentwicklung.

Wie aber sah die Welt vor 50 oder 60 Jahren aus, so weit es die Technik des Menschen betrifft? Ich möchte dazu drei Bereiche beispielhaft benennen, deren Entwicklung das Leben der Menschheit ganz besonders beeinflusst hat: die Verkehrstechnik, die Nachrichten- und Informationstechnik, die Waffentechnik.

In meiner Kindheit und Jugend waren nicht die Autos und Flugzeuge - wie heutzutage - die wichtigsten Verkehrsmittel sondern die Bahnen: Eisenbahnen, S-Bahnen, Straßenbahnen, U-Bahnen. Der Fernverkehr wurde weitestgehend von den Eisenbahnen mit den eindrucksvollen Dampflokomotiven abgewickelt. Diese, deren Technik nicht verkleidet, sondern deutlich sichtbar war, übten auf mich eine ungeheure Faszination aus. Neben ihnen stehend, waren die Räder so groß wie ich selbst und wenn sie sich in Bewegung setzten, dann ließen die vor- und zurückschnellenden Pleuelstangen die großen wirksam werdenden Kräfte ahnen.

Autos - insbesondere Lastwagen - dienten zumeist dem Lieferverkehr im Nahbereich; denn das Straßenverkehrsnetz war trotz einigen bereits vorhandenen Autobahnen mit dem heutigen überhaupt nicht vergleichbar. Und niemand kam auf die Idee, zum Beispiel Milch über hunderte von Kilometern zu einer entfernteren aber billigeren Molkerei zu fahren, um danach den Käse über dieselbe Strecke zurückzubringen. Und auch auf die Idee, Erdbeeren im Winter auf der südlichen Erdkugel nahezu grün zu pflücken, um sie dann zu uns zu fliegen, wo sie nachgereift aber ziemlich geschmacklos verzehrt werden könnten, kam niemand.

Autos und Lastwagen konkurrierten auch noch mit Pferdefuhrwerken, die noch längere Zeit im Einsatz blieben. Massengüter wie Kohle, Getreide, Erden und so weiter wurden noch in großem Umfang von Flussschiffen transportiert.

Der Flugverkehr dagegen befand sich noch im Anfangsstadium der Entwicklung. Ich kannte Flugzeuge zunächst nur mehr aus dem militärischen Bereich als Bomber oder Jagdflugzeuge. Ihre Eignung auch als Transportmittel für Menschen und Massengüter wurde mir erst deutlich, als sie 1948/49 während der Berlin-Blockade der Sowjets zur totalen Versorgung Westberlins eingesetzt wurden. Ich glaube, dass dieser Einsatz ganz wesentlich zum Durchbruch der Flugzeuge als Massenverkehrs- und Transportmittel beigetragen hat. Die Versorgung einer Einwohnerschaft von circa 2 Millionen Menschen allein aus der Luft war ein eindrucksvoller Nachweis der Leistungsfähigkeit der Luftfahrt.

Landgebundene Massenverkehrsmittel stellten damals also das Rückgrat des gesamten Verkehrs dar. Der Individualverkehr per Auto und der Flugverkehr waren dagegen vergleichsweise gering.

In den folgenden Jahrzehnten wurden jedoch Autos und Flugzeuge immer mehr zu den beherrschenden Verkehrsmitteln. Die individuelle Mobilität, die sie den Menschen gaben, veränderten das Leben und die Umwelt entscheidend. Ihre zunehmende Anzahl erzwang den Einsatz ungeheurer Mittel zum Ausbau des Straßennetzes und zum Bau von Flugplätzen. Die landgebundenen Massenverkehrsmittel wurden demgegenüber vernachlässigt. Dieser Prozess ist noch längst nicht abgeschlossen.

Wie wir heute erkennen müssen, reichen die Mittel jedoch nicht aus, um dem wachsenden Individualverkehr ein adäquates Verkehrsnetz zur Verfügung zu stellen. Der Verkehr erstickt an sich selbst, weil die Straßen im Nah- und Fernverkehr völlig überlastet sind und in den Ballungsräumen der Städte die Parkmöglichkeiten unzureichend und auch nicht grenzenlos erweiterbar sind. Autobahnen, auf denen eine Fahrspur fast ausschließlich von hintereinander her fahrenden Lastkraftwagen belegt ist, sind heute die Normalität. Sie sind der sichtbare Ausdruck einer völlig verfehlten Verkehrsentwicklung.

Auch im Luftraum ist es eng geworden, die Zahl der Flüge kann nicht beliebig erweitert werden. Auf Flügen kann man unterwegs selbst als Passagier beobachten, wie neben, unter, über einem andere Flugzeuge unterwegs sind. Die Slots - die Zeitfenster, in denen ein Flugzeug auf einem Flughafen starten oder landen kann - sind immer weniger verfügbar, so dass es auch im Luftverkehr zu Staus und Wartezeiten kommt. Auch der immer weitere Bau oder Ausbau von Flughäfen löst die Probleme nicht, sondern erzeugt allenfalls neuen Flugverkehr. Ein Flugverkehr, der immer mehr zu einer Belastung durch Lärm und Abgase für ganze Regionen wird.

Nimmt man die Umweltverschmutzung hinzu, welche durch alle diese Verkehrsmittel verursacht wird, so stellt sich mir die Frage, ob die heutige individuelle Mobilität auch in Zukunft noch garantiert werden kann. Die genannten Probleme und die anwachsenden Kosten für die Treibstoffe scheinen mir eher darauf hinzudeuten, dass ein Kulminationspunkt bereits überschritten ist und die Zukunft eher in den landgebundenen Massenverkehrsmitteln liegen wird.

Im Flugzeugbau wird bereits versucht, den zunehmenden Platzbedarf mehr durch den Bau größerer Flugzeuge und nicht durch die Anzahl der Flugzeuge zu befriedigen. Auch an dieser Stelle muss erneut darauf hingewiesen werden, dass sich die Weltbevölkerung in den letzten 50 bis 60 Jahren mehr als verdreifacht hat. Und da das offenbar so weitergehen wird, ist zu erwarten, dass sich auch die Anzahl der Verkehrsträger entsprechend erhöhen wird, und das, obwohl bereits jetzt Belastungsgrenzen unübersehbar sind.

Die bestehende Mobilität betrifft nicht nur die Nahbereich sondern insbesondere auch den Fernbereich.

In meiner Jugend war es nicht unbedingt üblich, überhaupt zu reisen. Die Verhältnisse in den Kriegs- und Nachkriegsjahren ließen dies gar nicht zu. Und wenn gereist wurde, dann nicht so sehr weit. Das änderte sich mit der Motorisierung. Mit dem Auto wurden zunächst alle politisch zugänglichen Länder Europas erreichbar. Mit dem Flugzeug dann - insbesondere weil die Tickets immer billiger wurden - wurde dann die ganze Welt erschlossen; es sei denn, dass aus anderen Gründen, insbesondere politischen, das Bereisen nicht opportun erschien.

Inzwischen ist mit der "Reiseindustrie" ein riesiger internationaler Wirtschaftsbereich entstanden, der durch die Bereitstellung der Transportmittel und der Unterkünfte viel Geld verdient aber auch vielen Menschen Arbeit und Ein-

künfte verschafft. Jedoch wird dies durch eine ungeheure
Vergeudung von Ressourcen erkauft. In bevorzugten Rei-
segebiete - wie beispielsweise im Mittelmeerraum - werden immer mehr Landschaften durch Hotels zugebaut.
Wer, wie ich, nach Jahrzehnten früher besuchte Reiseziele
wiedersieht, ist erschrocken, wie sehr früher schöne Landschaften unter der Bebauung verschwunden sind.

Was aber soll aus all diesen Investitionen werden, wenn -
wie es sich mir abzuzeichnen scheint - alles wegen der
Verknappung der Ressourcen so viel teurer werden wird,
dass sich viele Menschen das Reisen nicht mehr leisten
können. Wenn man diese Entwicklungen nicht steuert, sondern wie heute üblich "dem freien Spiel der Kräfte" überlässt, sind soziale und auch politische Verwerfungen absehbar.

Ist es Hilflosigkeit oder Dummheit, wenn in politischen
Denkrichtungen des so genannten Liberalismus alles dem
„freien Spiel der Kräfte" überlassen werden soll, die dann
schon alles zum Besten regulieren werden? Ein wahrhaft
evolutionärer Ansatz! Nur enthält dieser auch die Möglichkeit des Absterbens wegen Untauglichkeit. Die meisten
Menschen haben einfach noch nicht begriffen, auf welchem
desaströsem Weg wir uns befinden.

Auch wenn man die Entwicklung der Mobilität per Auto und
Flugzeug wegen der damit verbundenen Folgen der Res-
sourcenvergeudung und der Umweltverschmutzung für eine
Fehlentwicklung hält, so sind doch einmal eingeschlagene
Wege - und auch dieses ist eine Gesetzmäßigkeit der Evolution - nicht rückgängig zu machen. Lösungen können nur
darin bestehen, die negativen Auswirkungen zu entschär-
fen. Oder aber es werden völlig neue Lösungen gefunden,
die wegen ihrer Überlegenheit über die bisherigen Metho-

den der Verkehrsbewältigung diese zum Absterben bringen. Ob Ingenieure und Techniker, insbesondere aber Politiker, in der Lage sein werden, die dazu erforderlichen Voraussetzungen zu schaffen, kann erst die Zukunft erweisen. Ich glaube, dass menschliche Einsicht und auch sein Erfindungsgeist dazu durchaus in der Lage sein würden. Die Menschen müssen die Notwendigkeiten nur erkennen und auch Konsequenzen daraus ziehen. Noch aber ist der wachsende Druck der Probleme nicht groß genug, um wirklich einschneidende Veränderungen durchsetzen zu können.

Die Atmosphäre auf unserer Erde ist in der Zusammensetzung, wie sie sich in der Evolution des Lebens und eben durch dieses Leben entwickelt hat, eine wesentliche Grundvoraussetzung unserer Existenz. Sie wird durch das Leben -insbesondere durch die Flora - in ihrer Konsistenz erhalten.

Was aber wird aus uns, wenn wir einerseits die Flora unserer Welt - beispielsweise durch die nicht rückgängig zu machenden Urwaldrodungen oder die Verödung unserer Meere durch Verschmutzung - zur Regeneration der Atmosphäre unfähig machen und andererseits den Verbrauch atmosphärischer Bestandteile wie zum Beispiel des Sauerstoffs immer weiter steigern? Besteht die Gefahr, dass auch die Atmosphäre wegen unserer Einwirkungen irgendwann kollabiert? Kann irgendjemand dieses wirklich zuverlässig beantworten?

Ich halte es für unverantwortlich, diese Gefahr zu ignorieren. Wie alles, hat mit Sicherheit auch die Belastbarkeit der Atmosphäre ihre Grenze. Wenn man die Schöpfung nicht als einen abgeschlossenen Vorgang sondern als einen immer während Prozess ansieht, der durch unsere Einwirkung beeinflussbar ist, dann sollten wir uns unserer Verantwortung sehr schnell bewusst werden.

Vor 50 bis 60 Jahren waren derartige Fragen überhaupt kein Thema. Es schien vielmehr so, als ob die menschlichen Möglichkeiten unbegrenzt wären und es nur darauf ankäme sie zu nutzen und zu erschließen.

Insoweit ist das menschliche Grundbewusstsein heute ein ganz anderes. Die zunehmende Erkenntnis der Begrenztheit unserer Ressourcen und der Gefährdung unseres Daseins ist dabei, den Menschen bewusst zu werden. Dadurch ist ein Handlungsdruck entstanden, der die Gesellschaft zunehmend bewegt.

Man klebt jedoch an den alten politischen Organisationsformen und den Wirtschaftsformen, die sich in der Vergangenheit unter der Annahme unbegrenzter Ressourcenverfügbarkeit bewährt haben. Dass diese auch eine ungeheure und sinnlose Verschwendung knapper Ressourcen zur Folge haben, wird derzeit noch weitgehend ignoriert. Die Kräfte und die Macht derjenigen, die von diesen Systemen profitieren, scheinen zurzeit noch unüberwindlich stark zu sein. Und diesen ist der Profit immer wichtiger als der gesamtgesellschaftliche Nutzen. Mit ihrer auf ihrem Kapital beruhenden Macht versuchen sie alles zu blockieren, was ihren Profitinteressen zuwiderläuft.

Auch fehlt es an wirklich visionären Organisations- und Wirtschaftsmodellen, mit denen die Probleme der Menschheit bewältigt werden könnten, oder zumindest an dem Willen der maßgeblichen Menschen insbesondere der Politiker, derartige Handlungsmöglichkeiten überhaupt in Erwägung zu ziehen. Einschränkungen - welcher Art auch immer - könnten den Unmut der Wähler bewirken und damit die eigene Wiederwahl gefährden. Hier ist Aufklärung und Überzeugungsarbeit zu leisten.

Ein Staat wie Deutschland, dessen Anteil an der Weltbevölkerung nur etwas mehr als 1% beträgt, kann allein nur sehr wenig bewirken. Wirkliche Veränderungen sind nur international unter Einbeziehung der bevölkerungsreichen Staaten -insbesondere Asiens - zu erreichen. Dabei ist neben dem Bevölkerungsanteil an der Weltbevölkerung auch die Wirtschaftskraft von Bedeutung. Deutschland zählt mit einem Anteil von 6,4% am Welt-Inlandbruttosozialprodukt dabei durchaus zu den Einflussreichen. So kann man dann auch durchaus beobachten, dass von Deutschland Handlungsanstöße ausgehen.
Man kann ohnehin den Eindruck haben, dass allmählich ein Umdenken stattfindet. Jedoch wird nach meinem Empfinden dabei ein Thema und nämlich das wichtigste zumindest umgangen, und zwar das des weltweiten Bevölkerungswachstums. Dass der Ressourcenverbrauch nicht nur eine Frage des Verhaltens der Menschen ist, sondern eben gerade auch von ihrer Zahl abhängig ist, wird ausgeblendet. Und so kann man sich gut vorstellen, wie die Probleme anwachsen werden, wenn binnen weniger Jahrzehnte bei ungebremstem Bevölkerungswachstum weitere Milliarden Menschen auf unserem Planeten ihr Auskommen suchen werden.

Aber gehen wir zurück zur Gesamtheit der technischen Entwicklungen. Das Gebiet, auf dem die Welt sich seit meiner Jugend besonders radikal verändert hat, ist eben das der Technik. Hier finden Innovationen in zunehmender Breite und in immer kürzeren Änderungszyklen statt.

Da das Gebiet der Technik für niemanden mehr in seiner Gesamtheit und in seiner Tiefe überschaubar ist, führt dieses zu immer weitergehenden Spezialisierungen. Das Wort vom "Fachidioten" klingt zwar hart, macht aber deutlich, dass es dem einzelnen Wissenschaftler oder Ingenieur kaum noch möglich ist, sein eigenes Bemühen in einen Gesamtzusammenhang einzuordnen. Deshalb ist es wichtig, den Einsatz von Technik auch einer ethischen Bewertung zu unterziehen. Nicht alles, was machbar ist, muss auch wirklich gemacht werden. Es kommt darauf an, welchen Nutzen oder aber auch Schaden es für uns und unseren Lebensraum bringt. Auch dabei könnte uns der aus den Gesetzmäßigkeiten der Evolution abgeleitete Kriterienkatalog helfen.

Die Ziele der technischen Entwicklungen werden in unserer kapitalorientierten Welt nur an der marktwirtschaftlichen Verwertbarkeit orientiert, der gesamtgesellschaftliche Nutzen bis hin zum Schaden hingegen wird vernachlässigt. So kommt es, dass in der Kraftfahrzeugindustrie Fahrzeuge mit einem hohen Schädlichkeitsfaktor für die Umwelt solange weiter gebaut werden, wie sich zahlungskräftige Käufer dafür finden. Dies geht soweit, dass politische Bemühungen dieses einzugrenzen, massiv hintertrieben werden. Und hat man sich dann mit seinen Produktlinien ins Abseits manövriert, soll der zum Umsteuern erforderliche Milliardenaufwand vom Staat, das heißt also von der Gesamtgesellschaft, finanziert werden. Die Gewinne wurden privatisiert, die Verluste beziehungsweise der erforderliche Aufwand sollen dagegen sozialisiert werden. Daraus kann man ableiten, warum unsere Marktwirtschaft so gern als "soziale Marktwirtschaft" bezeichnet wird.

Die Technologie, welche die gesamte technologische Entwicklung überhaupt erst möglich macht, ist die Informations- und Nachrichtentechnik.

Vor Jahrzehnten, als die Halbleitertechnik gerade erst entwickelt wurde, hörte ich auf einem Symposium einen in der Informationstechnologie tätigen Wissenschaftler sagen, dass die Einsatzmöglichkeiten der Halbleiter-Chips ungeheuer groß aber zu diesem Zeitpunkt auch noch nicht annähernd vorhersagbar seien.

Heute, wo fast in keinem technischen Produkt - angefangen von der Armbanduhr, der Waschmaschine und dem Auto bis hin zur Satellitennavigation und der Weltraumfahrt - diese Bauelemente der Informationstechnologie fehlen, kann man diese Vorhersage nur bestätigen.

Ein wesentlicher Aspekt bei deren Entwicklung war die Miniaturisierung. der PC auf meinem Schreibtisch leistet heute mehr als vor 30 bis 40 Jahren die Großrechner leisteten, die noch große, vollklimatisierte Räume benötigten. Die geringe Größe, der minimale Energieverbrauch und die kostengünstige Massenproduktion machen heute die Verwendung dieser Technologie in nahezu allen technischen Produkten möglich. Durch ihre Verwendung können heute Produkte auch im Hinblick auf die Vermeidung von Umweltschädlichkeit optimiert werden, wenn dieses Ziel für die Produktentwicklung vorgegeben wird. Es ist Aufgabe des Staates, für die Aufnahme eines derartigen Zieles in die Produktplanungen zu sorgen.

Die Halbleitertechnik hat aber auch völlig neue Felder für die Informations-Speicherung, -Verarbeitung und -Übermittlung eröffnet. Die Möglichkeiten der Menschheit haben damit eine qualitativ völlig neue und höhere Stufe erreicht. Ein für uns alle sichtbarer Ausdruck dafür ist das Internet. Jedem einzelnen von uns sind heute Informationen zugänglich, an die vor wenigen Jahren kaum und wenn, dann nur unter ungeheuren Aufwand heranzukommen war.

Die Informationstechnologie ist nach meiner Einschätzung die notwendige Voraussetzung dafür, dass weltumspannende Regierungs- und Wirtschaftsformen entwickelt werden, mit denen die Probleme der Menschheit bewältigt werden könnten. Dass diese Technologie zur Verfügung steht, lässt hoffen - es bleibt aber abzuwarten, ob davon auch sinnvoll Gebrauch gemacht werden wird.

Ein weniger sinnvolles Einsatzgebiet ist dabei die Militärtechnik. Die von mir in meiner Kindheit erlebten Kriegshandlungen - Bombenangriffe und Artilleriebeschuss - waren, wenn auch zum Teil gewollt, von einer gewissen Wahllosigkeit geprägt. Bombenteppiche und ungezielte Granaten zeigten die Probleme der Zielfindung für die Angreifer. Mithilfe der Informationstechnologie - insbesondere auch der Satellitentechnik - werden dagegen heute Raketen und dergleichen zumeist zielgenau platziert. Und dabei kann der Abschuss weit entfernt sogar auf anderen Erdteilen stattfinden. Wer über diese Waffen verfügt, besitzt ein hohes Drohpotenzial.

Vor über 60 Jahren - als ich noch nicht 10 Jahre alt war - fielen die ersten Atombomben auf Hiroshima und Nagasaki. Seitdem kamen Atomwaffen nicht mehr zum Einsatz, sie werden aber von denen, die über die technischen Möglichkeiten dazu verfügen, mit weit höherer Zerstörungskraft gebaut und vorrätig gehalten oder zumindest angestrebt. Die Versuche, mit politischen Mitteln die Weiterverbreitung dieser Waffen zu verhindern, werden immer wieder unterlaufen. Beispiele dafür sind Indien, Pakistan und Israel. Weitere - wie der Iran - werden mit Sicherheit folgen, wenn sie nicht zwangsweise daran gehindert werden.

Andere, die aus technischen oder aber politischen Gründen wie beispielsweise die Bundesrepublik Deutschland nicht über diese Waffen verfügen, versuchen von den Waffen der Atommächte zu profitieren. Aus welchem Grund sonst werden in Deutschland noch immer amerikanische Atomwaffen vorrätig gehalten. Die Amerikaner brauchen Sie hier nicht! Mit ihren Trägersystemen könnten sie diese von den USA aus oder von den Ozeanen aus an jeden beliebigen Ort dieser Erde abschießen.

Die Zahl dieser Waffen, ihre ungeheure Zerstörungskraft und insbesondere die alles Leben vernichtende Möglichkeit der atomaren Verseuchung stellen einen gar nicht überschätzbares Risikopotenzial für die Existenz der Menschheit dar.

Atomwaffen vorrätig zu halten, ist so etwas von dumm, dass man es mit gesundem Menschenverstand kaum begreifen kann.

Die Vorhaltung von Atomwaffen impliziert, dass über deren Einsatz immer verantwortungsbewusst entschieden werden würde - was eigentlich deren Einsatz ausschlösse. Aber wer will eigentlich immer die geistige Gesundheit derjenigen garantieren, die diese Waffen einsetzen könnten?

Die Vorhaltung signalisiert, wie groß das Misstrauen der Nationen gegeneinander ist und wie weit entfernt wir von einer einvernehmlichen Regelung unserer Weltprobleme sind. Es signalisiert aber auch, dass viele Großmächte offensichtlich glauben, dass sie nur im Besitz dieser Waffen ihre Machtansprüche und ihre egoistischen politischen Ziele durchsetzen können. Sie verschaffen ihnen einen Status, der sie anderen überlegen macht. Und daran wollen sie nicht rütteln lassen.

Solange diese Waffen weiter vorrätig gehalten werden und nicht von allen verdammt und abgeschafft werden, wird eine neue Weltordnung nicht zu begründen sein.

6.4 die Entwicklung der Kapitalmärkte

Wie schon an anderer Stelle gesagt, ist das Ansammeln von Kapital und Vermögen ein Ersatz für die Vorratshaltung, die wir Menschen über Jahrtausende als notwendig und nützlich erlernt haben. Auch viele Tiere betreiben dies, angefangen von der Biene bis hin zum Eichhörnchen. Doch bei diesen handelt es sich tatsächlich um Nahrungsvorräte und nicht um Substitute wie Geld und Gold wie bei den Menschen.

Wie schon früher gesagt, ermöglicht es das Substitut Geld - zumal wenn es sich um Buchgeld handelt - unermessliche Vorräte anzulegen, und zwar sehr viel mehr, als es ein einzelner Mensch jemals verbrauchen kann. Dennoch scheint es bei vielen Menschen das wichtigste Ziel zu sein. Ein derartiges Verhalten stellt für mich eine krankhafte Pervertierung einer an sich normalen Vorgehensweise dar.

Nur ist diese Krankheit schon sehr lange vorhanden und offenbar ansteckend.

Frühe Christen haben ein derartiges Verhalten als anstößig und mit ihrem Glauben nicht vereinbar empfunden, was sich unter anderem in einem Verbot der Zinsforderung ausdrückte. Calvinisten und Puritaner haben dieses anders ausgedrückt. Sie sehen in dem, der ein Vermögen anhäufen konnte, einen "von Gott Begnadeten" und übersehen dabei, dass dafür immer andere aufkommen mussten. Aber diese sind eben nicht "von Gott begnadet".

Die vom Puritanismus stark beeinflussten US-Amerikaner haben dies zu einer Lebensauffassung gemacht und sehen in der Kapitalanhäufung nichts Anstößiges. Die Tatsache, dass dabei ein anderer immer verliert, wird als normal und nicht als unmoralisch angesehen.

Diese Auffassung und die sich daraus ergebenden Verhaltensmuster werden heute nahezu weltweit akzeptiert - auch wenn ein gewisses Unbehagen über die Resultate unverkennbar ist.

Im Kapitalismus ist das Kapital das Schmiermittel der Wirtschaft. Ohne Kapital läuft nichts! Daraus folgt natürlich, dass der am erfolgreichsten wirtschaftet, der das meiste Schmiermittel hat und aus dem Wirtschaftsprozess wiedergewinnt. Dann kann er das Schmiermittel sogar anderen zur Verfügung stellen - natürlich mit dem Ziel, mehr davon wieder zurückzubekommen.

Die Verwalter der Schmiermittel sind die Banken, die daraus wiederum Schmiermittel für sich selbst erwirtschaften. Und wie lukrativ dieses ist, haben auch Unternehmen erkannt, deren ursprüngliches Ziel eigentlich die Herstellung von Produkten war. Es gibt heute kaum noch ein großes Unternehmen, das nicht eine eigene Bank gegründet hat.

Die Globalisierung hat nunmehr die Voraussetzungen dafür geschaffen, dass die Kapitalmärkte weltweit operieren können. Damit stehen ungeheure Geldmengen zur Verfügung, die gewinnbringend weltweit verschoben werden können. Dabei wird das Kapital selbst zur Ware, die angekauft und verkauft werden kann - natürlich immer mit der Zielsetzung, am Ende mehr davon zu haben.

Wir selbst tragen zu dieser Kapitalkumulierung mit bei, indem wir bei den Banken Sparguthaben anlegen, Aktien kaufen und dergleichen mehr. Aber wir haben dann keinen Einfluss mehr darauf, wie dieses Kapital verwendet wird. Und während wir unser Kapital auf diese Art und Weise deponieren - natürlich auch mit Gewinnerwartung - wird dieses zwischenzeitlich eingesetzt.

Mit diesen kumulierten Kapitalmengen - die erst durch die Globalisierung die heutigen Größenordnungen erreichen konnten - lassen sich nicht nur Zinsen erzielen, sondern mit ihnen können auch Märkte und damit Preise beeinflusst werden.

Wir erleben gerade heutzutage, wie angeblich Ölproduktionen, die noch gar nicht gefördert sind, aufgekauft und gehortet werden. Wenn die Mengen groß genug sind, tritt eine Verknappung und infolgedessen eine Preissteigerung ein, die beim Verkauf der gehorteten Ölmengen ausgenutzt werden kann. Und bei Öl, das weltweit immer mehr verbraucht wird, kann da gar nicht viel passieren.

Anders ist das schon, wenn Kapitalmengen verschoben werden, für die eine Risikoabdeckung durch reale Werte kaum noch nachzuvollziehen ist. Wenn dann - wie bei den amerikanischen Hypothekenkrediten - eine Risikoabdeckung überhaupt nicht gegeben ist oder durch den Verfall der Grundstückswerte zusammenbricht, dann kann es zu einem Crash kommen, der die Kapitalmärkte weltweit erschüttert. Die Verluste aber zahlen wir alle durch sinkende Aktienkurse, steigende Preise oder mittelbar durch Steuern,

weil der Staat zur Sicherung von Banken aus Steuern fi-
nanzierte Haushaltsmittel einsetzt.

Die Verursacher dieser Verluste kommen aber - soweit sie
überhaupt benennbar sind - zumeist ungeschoren davon.
Ich denke in diesem Zusammenhang an die Bankenkrise in
Berlin. Die Berliner Landesbank wurde durch (bewusste?)
Fehlbewertung von Risikoabsicherungen in eine derartige
Schieflage gebracht, dass ihr Zusammenbruch nur durch
Milliardeninvestitionen aus dem Landeshaushalt verhindert
werden konnte. Für diese Investitionen muss der Berliner
Steuerzahler aufkommen. Die Verursacher hingegen haben
andernfalls mit politischem Machtverlust oder geringen von
den Gerichten verhängten Strafen dafür bezahlt.

Dieses System ist krank und gefährlich. Es müsste dringend geregelt und schärfer beaufsichtigt werden. Seine
ungesunden Auswüchse müssten beschnitten werden. Die
absolut unmoralische und gesellschaftsfeindliche Sinnorien-
tierung ausschließlich an die Kapitalvermehrung gehört in
den Mülleimer der Geschichte.

Aber dazu fehlen wiederum der geistige Überbau sowie die
weltweiten strukturellen Voraussetzungen - kurzum eine
neue Weltordnung!

Ob unter diesen Voraussetzungen aber die erkennbaren
Menschheitsprobleme bewältigt werden können, erscheint
mir sehr zweifelhaft.

6.5 Bewertungen aus meiner Sicht

Rückblickend betrachtet, begann mein Leben in Not und
Bedrängnis. Dies war zum einen dem Zweiten Weltkrieg
und seinen Folgen verschuldet, zum anderen aber waren

aber auch familiäre Verhältnisse insbesondere der frühe Tod meines Vaters ursächlich. Danach kamen bessere Zeiten, allerdings überlagert von den Gefährdungen und Einschränkungen, die sich aus dem Kalten Krieg ergaben. In Berlin war man diesen besonders ausgesetzt.

Es schien lange Zeit so, dass es immer vorangehen würde und mit immer weiter verbesserten Lebensbedingungen zu rechnen sei. Insbesondere die Wiedervereinigung in Deutschland schien völlig neue Lebensperspektiven zu eröffnen.

Von diesem Optimismus ist nicht viel übrig geblieben. Ökologische und ökonomische Probleme wurden immer deutlicher und die Grenzen des Wachstums sichtbar. Die Verteilungskämpfe infolge des Anwachsens der Weltbevölkerung haben erst angefangen und eine Weltordnung, indem sie auf friedliche Weise aufgelöst werden könnten, ist nicht entstanden. Und ihre Entstehung ist auch trotz der vielen internationalen Konferenzen noch nicht absehbar. Ideologien und religiöse Anschauungen verdummen die Menschen und machen Sie zu einem gemeinsamen Angehen der Probleme unfähig. Egoismus und Profitinteressen machen die Menschen impotent, vernünftige Lösungen zu suchen und umzusetzen.

Andererseits ist durch Wissenschaft und Technik ein Kenntnisstand erreicht und ein Handwerkskasten zur Verfügung gestellt worden, mit denen die Probleme der Menschheit durchaus angegangenen und bewältigt werden könnten. Ob und wie verantwortungsbewusst dieser Handwerkskasten eingesetzt werden wird, ist derzeit noch völlig offen.

Es sollte einerseits spannend sein, zu beobachten, welchen Weg die Menschen gehen werden. Andererseits wird auch meine persönliche Lebenssituation davon abhängig sein. Man wird also nicht nur Beobachter sein können, sondern je nach Entwicklung Nutznießer oder Opfer.

Mögliche Entwicklungen, die man nicht beeinflussen kann, ängstigen und verunsichern. Und dieses unsichere Lebensgefühl hat nicht nur mich erfasst, sondern scheint mir ein Merkmal unserer Zeit zu sein.

IV. Schlussbetrachtung

Wir haben die Fähigkeit zum Denken und damit die Möglichkeit, den Sinn unserer Existenz zu hinterfragen.

Was ist der Sinn unseres Lebens oder der des in der Evolution entwickelten gesamten Lebens?

Darauf kann uns niemand eine Antwort geben. Zu leben, um nach unserem unausweichlichen Tod in ein besseres oder schlimmes Jenseits zu kommen - je nachdem, wie wir uns auf dieser Erde benommen haben -, ein Jenseits von dem uns niemand sagen kann, wo es denn sein soll - Ist nicht mehr als eine fantasievolle Vorstellung, deren Wahrheit nicht beweisbar ist.

Aber das hat ja auch Methode: wer glaubt, den kann man auch in eine gewollte Richtung lenken und sein Verhalten beeinflussen. Seit Jahrhunderten hat man den Menschen eingeredet, dass eine feudalistische Ordnung, in der die Herrschenden alles haben, die Beherrschten dagegen wenig bis nichts erhalten, von Gott gewollt sei. Heute sind an die Stelle der Feudalherren die Milliardäre und Millionäre getreten, die überhaupt nichts dabei finden, dass es Menschen gibt, die nicht einmal das Nötigste haben.

Sind wir nur ein Spiel, eine Laune der Schöpfung, des Universums, oder hat diese wunderbare Entwicklung des Lebens auf unserem kleinen und von uns doch allzu schön empfundenen Planeten - einem Staubkorn in der Unendlichkeit des Kosmos - eine Zielrichtung hin zu einem uns unbekannten Ergebnis?

Wir wissen es nicht. Wir erkennen nur, dass alles nach Gesetzmäßigkeiten und Regeln abläuft - eine alle innewohnende Ordnung. Wo aber eine Ordnung ist, vermuten wir einen schaffenden Geist - einen Schöpfer, einen Gott oder wie immer man das nennen will.

Andererseits ist alles endlich und zerbrechlich. Endlich ist unsere Erde schon deshalb, weil die Leben spendende Sonne irgendwann erschöpft sein wird und mitsamt ihrer Satelliten als Nova verglühen wird. Und wie zerbrechlich unsere Erde ist, können wir an den Narben des Mondes oder den für uns weniger deutlichen unserer Erde erkennen. Der Einschlag eines großen Meteoriten könnte alles Leben vernichten.

Mit diesen Fragen, diesen Unwägbarkeiten sind wir alleingelassen. Wir kennen die Antworten nicht, wir kennen die zukünftigen Entwicklungen nicht. Die Versuche der Religionen uns das Unbeantwortbare zu beschreiben und zu deuten, sind rührende Versuche, die Leere unserer Unkenntnis zu füllen - für viele sicher eine unschätzbare Hilfe.

Da wir uns selbst wichtig nehmen, gehen wir davon aus, dass wir nicht nur ein Spiel der Schöpfung sind, sondern dass unser Dasein einen Sinn hat.

Aber worin besteht dieser Sinn? Wenn uns niemand diesen benennen kann, wir aber auch nicht sinnlos leben wollen, dann müssen wir unserem Leben selbst einen Sinn geben.

Ich denke, dass wir als ein Bestandteil der Schöpfung oder - im engeren Sinne der Evolution - den Sinn nur darin finden können, nach deren Regeln zu handeln.

Davon ausgehend meine ich, dass es höchste Zeit ist, die Schädlichkeit unserer Spezies Mensch für die Evolution des Lebens zu erkennen und unser Verhalten zu ändern.

Wir müssen uns zurücknehmen, indem wir nicht mehr sondern weniger an Anzahl werden. Wir müssen **nicht mehr alles tun wollen und alles haben möchten**, was nur irgendwie zu tun oder zu erlangen ist. Wir müssen vielmehr durch Änderung unseres Verhaltens den vernichtenden Raubbau der natürlichen Ressourcen beenden. Und wir müssen solidarisch handeln, denn es kann nicht sein, dass ein kleiner Teil der Menschheit nicht weiß, was es mit seinem Überfluss anfangen soll, während der große Teil der Menschheit nicht einmal über ein Existenzminimum verfügt.

Dieses klingt einfach, stellt aber die größte Herausforderung dar, vor der die Menschheit je gestanden hat. Es ist nicht einfach, Denkweisen und Gewohnheiten zu verändern und auf Ansprüche zu verzichten, von denen wir heute meinen, dass sie selbstverständlich seien.

Im Interesse künftiger Generationen hoffe ich, dass wir alle den Willen und den Weg dazu finden. Das geistige und das technisch-handwerkliche Potenzial dafür sollten wir eigentlich haben. Machen wir uns doch weniger Gedanken um das Wachstum von Macht und Geld, sondern schaffen wir eine ethisch fundierte Weltordnung, die auch künftigen Generationen das Überleben als Bestandteil der Schöpfung sichert.

Ich fordere jeden Leser dieser Schrift auf, in diesem Sinne zu handeln.

<u>Inhaltsverzeichnis</u>

I.   Prolog 2

II.   Bewertungsmaßstäbe und ihre Anwendung.................. 6

1.   Standortbestimmung 6

   1.1 Wege des Suchens 8

   1.2 Wege des Erkennens...................................... 11

2. Mit oder gegen die Schöpfung?........................... 16

   2.1 Was aber sind die Regeln und Methoden der
   Evolution? 17

   2.2 Wie sieht es nun also mit der Einhaltung der
   Ablaufdirektiven aus? 18
      2.2.1 die Entwicklung komplexerer gesellschaftlicher
      (politischer) Systeme 19
      2.2.2 Warum tut sich die Menschheit in diesen Fragen
      so schwer?.. 26

   2.3 Wege zur evolutionären Anpassung........................... 33

   2.4 Was müssten wir tun?...................................... 37

3. Die Folgen der menschlichen Einwirkung......................... 43

   3.1 Ein Hauptproblem ist unsere untaugliche
   Weltwirtschaftsordnung.. 44

   3.2 Die Probleme der Politik.. 48

4.   Ist das Ende der menschlichen Zivilisation
unausweichlich? 54

   4.1 In einer globalisierten Welt ist eine globalisierte Politik
   erforderlich. 55

   4.2 Der Weg 58

136

5.   Der Status Quo und die Aussichten 61

III.   Wie ich es erlebt habe 82

6. aus meiner Sicht.. 82

   6.1 die Entwicklung der politischen Welt.......................... 83

   6.2 die Bevölkerungsexplosion 106

   6.3 die technische Entwicklung................................... 113

   6.4 die Entwicklung der Kapitalmärkte 126

   6.5 Bewertungen aus meiner Sicht................................ 129

IV. Schlussbetrachtung 132